美丽新世界

丙申仲夏

太生

海航集团董事局主席陈峰为本书题字

美丽新世界

陈斯文 著

中信出版集团 · CHINACITICPRESS · 北京

图书在版编目（CIP）数据

美丽新世界 / 陈斯文著. -- 北京：中信出版社，2016.9

ISBN 978-7-5086-5449-2

I. ①美… II. ①陈… III. ①旅游企业－企业管理－研究－中国 IV. ①F590.6

中国版本图书馆 CIP 数据核字（2016）第 200881 号

美丽新世界

著　　者：陈斯文

策划推广：中信出版社（China CITIC Press）

出版发行：中信出版集团股份有限公司

（北京市朝阳区惠新东街甲 4 号富盛大厦 2 座　邮编　100029）

（CITIC Publishing Group）

承 印 者：北京通州皇家印刷厂

开　　本：880mm×1230mm　1/32　　印　　张：10.25　　字　　数：145 千字

版　　次：2016 年 9 月第 1 版　　印　　次：2016 年 9 月第 1 次印刷

广告经营许可证：京朝工商广字第 8087 号

书　　号：ISBN 978-7-5086-5449-2

定　　价：48.00 元

目 录

contents

推荐序一

缅怀一个大写的人

太和门是北京紫禁城最大的宫门，上面横九竖九，共九九八十一颗金色的门钉，在艳阳下熠熠生辉。

20世纪80年代初期，20岁刚出头的陈茫曾经作为一名德语导游，带着国际旅行团无数次地出入太和门。那时的中国正处于一个大时代的开端，封闭了30多年的国门就像这沉重的紫禁城宫门一样，正缓缓向世界开启。

国门的打开，不仅标志着古老中国再次向世界开放，也开启了无数青年人的视野，为他们的理想插上了隐形的翅膀。而陈茫就是这无数对外部世界、对未知未来充满憧憬和梦想的青年人中的一个。怀揣着这个梦想，陈茫做出了人生中一个重大的抉择：到欧洲去，到德国去，到马克思、歌德、海涅的故乡去……

1988 年的某一天，陈茫的脚踏上了德意志的土地。从此，北京的皇城根下少了一名优秀的导游，汉堡的易北河畔多了一名年轻的中国学子、一名筚路蓝缕的创业者、一名旅德侨界的杰出领导者……

陈茫的人生是丰富的。他幸运地赶上了变革的大势，中国的改革开放、德国的民族统一都在他的人生中打上了深深的烙印。他伴随着时代的脉搏成长、成熟。两个民族、两种文化的熏陶，形成了陈茫独有的风格和气质。

陈茫的事业是丰富的。20 多年的奋斗，他成就的不仅是在德国乃至欧洲华人世界尽人皆知的旅游品牌“凯撒旅游”，其精心打造的华文媒体《欧洲新报》也成为引领德国华文媒体发展的旗舰。此外，他还投身于侨务工作，担负旅德侨团重要领导职务，为旅德侨界的团结与发展呕心沥血。

陈茫的爱心是丰富的。在他事业有成之后，他在社会公益和爱心慈善方面倾注了大量心血。他每年都主动策划并资助旅德侨界的各种侨务活动；他积极带头向中国贫困地区捐款，支持当地民生设施建设、资助贫困儿童就学。

陈茫的世界本来可以更丰富，他还有许多梦想没有成真，还有许多爱心没有实现，还有许多事业没有完成。但一年前的 9 月 2 日，陈茫仙逝，结束了在尘世的历练。本书《美丽新世界》描绘的是陈茫当年走出国门后所面对的新生活和新世界。而 2015 年

9月2日之后，陈茫也要面对一个新世界，一个人们通常称之为“天堂”的世界。相信那个世界也是同样的美丽。我们能给予陈茫的，唯有真诚的祝福！

陈茫走了，留下了他的传奇和故事。我们从这本书里，可以看到陈茫并未走远的身影，那是一个大写的人留下的身影……

史明德

中华人民共和国

驻德意志联邦共和国特命全权大使

2016年7月

推荐序二

我所认识的陈茫

我与陈茫先生相识多年。20世纪90年代初我被派到汉堡工作时，陈先生一手创立的“德国华龙旅行社”，也就是如今凯撒旅游的前身，才刚刚起步。而后数年，我在德、瑞、奥三个国家辗转常驻，时常听到凯撒和陈先生本人的消息，并多次在重要活动中与他不期而遇。那时的陈茫先生率领着不断壮大的凯撒，在欧洲华人旅游业中由崭露头角到鼎立一方，凭借踏踏实实的发展赢得了各界的尊重，而其致力于中德经济文化交流的热忱以及个人投资创办《欧洲新报》的独到眼光更是让他在众多的华人企业家中显得卓尔不群，令人刮目相看。时间转到2015年，当我作为中国驻汉堡总领事再度来到汉堡履职时，陈先生不仅已是上市公司的董事长，更成长为一名社会活动家和北德地区颇具声望的爱国侨领。他积极赞助中欧论坛“汉堡峰会”，投身慈善公益，病重之际仍接过德国华商联合总会和汉堡华侨华人联合会两个侨团主席的重担，倡导践行侨团新风尚，用最真切的行动树立了一名德国华商的良好形象，以最大的诚意诠释着热爱祖国、热爱同胞的赤子情怀。

日前，小兵先生来函嘱我为其胞兄陈茫先生的传记《美丽新世界》写篇序言。我欣然接受的同时，也很赞同这个有些浪漫色彩的书名，因为我所认识的陈茫，他所做的正是毕其一生努力开创一个精彩、美丽的新世界。时至今日，他留下的众多精神和物质财富仍在散发着美丽的光芒，等待人们去发现、去继承、去发扬光大。

是为序。怀念陈茫先生。

中华人民共和国驻汉堡总领事

2016年7月

推荐序三

琥珀之光

——陈茫先生周年祭

凯撒旅游奠基者陈茫先生辞世，转瞬周年矣。于此仲夏午夜，展阅传记文字《美丽新世界》，忽有琥珀俨然而至。

20世纪80年代初，先生弱冠而为北京青年印刷厂装订工，某日感慨“一辈子就在这里切废纸？”此问直追千载，“王侯将相，宁有种乎？”“大丈夫生当如是”，“生子当如孙仲谋”……余音犹在，一脉相承。先生之问亦时代之问，少年思变，国家之幸也。之后习德语、进国旅，为模范导游仍不自满，于1988年赴德修商科以图再变。

商科重实践，与其坐而论道，不如起而行之。先生于而立之年手创“华龙旅行”和“凯撒旅游”公司两间。创业艰难，栉风沐雨，其间甘苦自知。天不负有心者，终有所成，数次归国均蒙高层接见。公司为中欧商旅首选，先生亦成同行学习榜样，而旅游领域青年创业者尤甚。

2001 年，先生不惑，直觉国人出境潮流渐起，欧洲不再遥远，旅行服务将迎来战略机遇期。然一人一司纵使持续扩张，仍将心有余而力未逮，唯众木方可成林。由独木而众林，非专业培训和社会教育而不可。乃创投汉堡中国培训中心、欧洲中文导游培训中心和《欧洲新报》，华人旅界视之为“黄埔军校”。2009 年，因卓然成就而获邀观礼中华人民共和国成立 65 周年阅兵庆典。

之后先生迎来知天命之年，祖国也渐显复兴之势，经济总量全球亚位，出境旅游世界前列，大众创业、万众创新，商界新人辈出。受益大势，凯撒携手海航，深耕沪市，小兵总经理并众高管有序稳进，先生展其视野于音乐、艺术、文化、教育、侨务、社团诸多非商领域，倡创欧洲华人旅业联合总会，众荐而为创始会长、终身荣誉会长，再任德国华商联合总会主席。2015 年，为纪念中国人民抗日战争胜利暨世界反法西斯战争胜利 70 周年而举行“9 · 3”大阅兵，先生再次荣获观礼邀请。盛誉加身，怎奈天妒英才，先生再也没能归国。远行的日子里，众多机构、政要和旅业精英悼念、送行，语言、文字和影像如万万年松柏的树脂滴落，裹先生一生而成晶莹之琥珀。

回顾先生五十余载光辉岁月，可圈可点之处不可胜数：弱冠工而优则学，而立学而优则商，不惑商而优则教，天命则从心所欲而不逾矩，倾心公益与文化交流。终其一生，求新求变，创业图强，不负时代不负国，已为国家旅业之样本，如远古记忆之琥珀。

泰戈尔诗云：天空无翅膀之痕，鸟儿已经飞过。美则美矣，难免惆怅。比对琥珀，其刹那芳华，历经极大尺度时间的冲涮，后人视之，彼时世界宛然眼前。先生一生正如美丽琥珀，方寸之间，亦与山川共久长，与日月同辉光。唯望小兵总经理、凯撒及全体旅业同仁思君念君，不忘初心，继续前进！

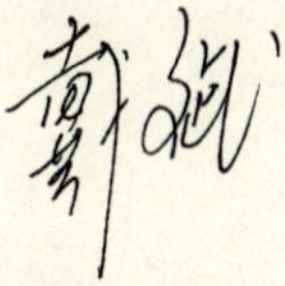

中国旅游研究院院长

2016 年 7 月 7 日

推荐序四

为陈茫先生作序

陈茫先生是汉堡一位卓越的企业领袖，更是一位德中关系孜孜不倦的推进者。短短23年间，他将创立于1993年的小型旅行社发展成为今天在全球拥有3000多名员工、50余家分公司的大型旅游企业集团。他卓越的领导才能，让整个汉堡商会及汉堡经济界都为之折服、赞叹。放眼整个欧洲，陈茫先生都是当之无愧的华人企业家楷模。

对于汉堡，这座拥有520余家中国企业，这座他奠基展业的北德城市，陈茫先生始终充满了深厚情感。终其一生，陈茫先生都在为促使汉堡成为欧洲—中国经济中心的事业而奔忙。我们汉堡商会更是从中广受裨益：自2004年起，我们每两年举办一届中欧间最重要的经济高端会议“汉堡峰会”。陈茫先生始终是我们最重要的拥趸与支持者。

从陈茫先生对公益事业的持续关切与投入中，我们都能感受到他身上洋溢的那股古老汉萨同盟之精神。与汉萨同盟的诸多商界前辈一样，陈茫先生始终重视企业的社会责任，他是一位真正体现着汉萨精神的卓越企业家。

陈茫先生属于汉堡，他永远都是中国及汉堡企业家们的楷模！

Corinna Nienstedt（科琳娜·尼恩施戴特）

德国汉堡商会

国际部部长

2016年7月

推荐序五

从发轫一隅到名动全球

岁月不居，斗转星移。久处南国温热之中，竟不觉夏去秋将来，今小兵信笺飘然而至，方有时不我与之感。遥想去年此时，惊闻陈茫先生溘然仙逝，令人扼腕叹息，唏嘘不已。陈茫先生名誉海内外，以赤子之心行走天地间，终成凯撒旅游金字招牌。时逢先生周年祭，《美丽新世界》一书即将面世，书中详述凯撒旅游创立之初心、发展之目标，尽显陈茫先生当年创业风采、卓绝之能，字里行间有诗的影子、心的发声，实为大情怀之作，足可飨读者和旅游行业后来者。

古往今来，功成之事，皆因天时、地利、人和。30多年前，和平与发展渐成时代大势，祖国改革开放大潮席卷而来，重开国门以拥世界在怀中，解放思想而促发展于神州。恰其时，陈茫先生以变革之心负笈远游赴德进修，于而立之年创立凯撒，后历经二十余载之图治，以长风破浪之势，终成国人旅业翘楚、赴欧商旅首选，并为国民了解世界和中西方文化交流持恒不怠。

此之于陈茫先生与凯撒，仅为粗略缩影也。先生海纳百川，气象万千，绝代风华，潜心中欧旅游文化事业二十余载，在商界与非商界领域均堪称楷模。先生于国家改革开放之初，以莫大勇气创凯撒之鸿图基业，筚路蓝缕，披荆斩棘，为国民旅游之福祉悉心耕耘，于世界众多知名地接社中脱颖而出，何其壮哉！后致力于和谐侨社建设，力促中欧文化交流，志救中华外遗珍宝，立德立业，言传身教，世所景仰。

当今世界，乃大变革、大变局之世界，中华民族伟大复兴之势不可阻挡，国人日益自信、富庶，中国已登世界舞台中心，中国企业迎来千载难逢的发展机遇。此背景下，陈茫先生洞悉时代，携凯撒而归，因与海航机缘和合，文化相向，水乳交融，遂联袂一体，珠联璧合，立志为中国旅游行业创造一家世界级优秀企业，促进整个行业转型升级，进而为“中国梦”倾尽绵薄。志向不可谓不宏大，愿景不可谓不磅礴，奈何当此盛世，天妒英才，先生突然不幸离去，实足憾事，令人愕然顿足，痛心疾首。未来道路上，凯撒痛失英雄，海航与敝人亦惜别一挚友。

回首与先生初识，一见如故。先生志向之远大、心系祖国之情怀，令人久久难以忘怀，更于未来发展愿景和理想上与海航一拍即合，惺惺相惜之感油然而生。后两家同岁企业顺利联姻，并肩共荣。如今凯撒旗帜遍及世界各地，未曾负合作初衷。陈茫先生为人豪爽，待人真挚，充分体现出华人企业家之风采。以上种种，每每忆起，弥足珍贵。

从发轫一隅到名动全球，其间种种，如鱼饮水，唯不敢忘感恩与追求。未来，坚信凯撒旅游诸君定会继承先生遗志，完成先生未竟之事业，使高迹可追，清风有后，共同构建陈茫先生和国人所求的美丽新世界。

谨以此为序。

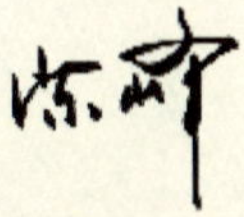

海航集团董事局主席

2016年8月29日

前言

我在北京出生，从婴儿到小学断断续续地一直在成都的奶奶家长大,大哥比我大10岁，那时候他在成都上学。于是家里就有了很多大哥抱着我玩耍的照片。照片中最多的就是我伸着手一副“要、要、要”的样子，而大哥则抱着我憨憨地冲着镜头笑。童年的记忆有些模糊，靠照片和大人们的闲聊才能有些了解。小学四年级，我回到了北京，而大哥则进了北京青年印刷厂，那时候的大哥就是“中国儿童画报”、“8分钱一瓶的酸奶”以及我和同学们打架时的“保护神”；再后来，学德语的大哥当上了导游，我们的生活也随着“高级”了许多，老爸抽上了“大重九”香烟，而我们也时常能吃上当时北京最高级的“新桥三宝乐”奶油蛋糕。有一次，大哥竟给我带回一双德国原装进口的阿迪达斯运动鞋，让我赢得了同学们无数羡慕的眼光，大哥简直就是“神”一样的存在。后来大哥出国了，而且几年都没再回来，从往来的书信以及父母的口中得知大哥在德国很辛苦，钱要省着花，也不能总是和嫂子在一起，大哥有时候也会流泪……

一晃六七年过去了，我辞去深圳的工作回到北京，大哥的消息也渐渐多了起来。我平时的工作不怎么忙，时常帮大哥取送国际机票，大哥会很贴心地在装机票的信封里放上20德国马克，对于一个月只有400多元工资的我而言那可真是一笔不少的收入。1994年年底，我辞去国企的工作，开始经营自己的“打字社”。1995年下半年，从德国传来消息，神一样的大哥要回国出差了，全家人都很期待。几次家庭会议下来我们商定，大哥的公司在北京成立代表处，而我则放弃自己的生意做了办事处的负责人。多年未见，这时的大哥比以前干练，但也严厉了许多，以前嘻嘻哈哈的大哥这时候可能因为我一件事做不到位而大发脾气。每当这时心里总是有些委屈，可是业务成长太快了，甚至都没有时间去顾及这些感受。十余年下来，北京办事处迅速从当初一两个人的小机构成长为近千人的企业了。

2009年，中国实施了新的旅游管理条例，准许旅行社到异地开设分支机构，凯撒面临巨大的发展机遇。大哥把公司更多的管理权交给了我，他说：“小兵，你觉得正确的事就去做吧，你哥会坚定地支持你的。”这一年的10月秋高气爽，经过了一个“十一”

假期的思考，我带着公司的“五人战略小组”制定了公司未来10年的发展战略，同时确立了凯撒的未来目标和价值观——客人的满意，员工的幸福，股东的回报，社会的财富。之后的三年，凯撒的业绩均以超过100%的速度高速增长，在较短的时间内奠定了凯撒全国布局的业务格局。

2012年，凯撒旅游与海航集团牵手结缘，2013年年初公司成立20周年的晚会上，大哥作为凯撒旅游创始人讲述了凯撒的创业历程。凯撒欧洲和凯撒中国的1000多位同事以及海航集团的合作伙伴们一起把酒言欢，共叙友情。会后小酌，大哥唱了那首他最喜欢的歌曲《救姻缘》——“苍天可老，海水可翻，爱到深处几多难，看我这一生，峰回路转，情愿用一生陪我闯……”

正如斯文在书中写的那样，2014年12月27日是我人生中最黯淡的一天。这一天，大哥告诉我他患了癌症。在紧接着的几天中，我竟不知该怎样面对他、安慰他。半个多月后，我终于想明白了，大哥一生经历过很多的起起伏伏，受过很多磨难，也经历过很多辉煌，不论处于什么样的境遇，大哥都始终勤奋并保持着乐观的人生态度，所以，除了让他专心治病，我要以这20多年来我最熟悉的方式与他交流，那就是讨论工作。我知道，只有这样，大哥的精神状态才是最好的，只有这样，大哥才会心无旁骛。

8月的那段时间里，受病痛的折磨，大哥在白天会经常打个盹儿。有时一觉醒来，精神好点的时候，我们就会和他聊聊公司的近况、上市的进展，当我们聊着公司未来的发展计划的时候，当我和他聊到待他病好以后，我们要一起去加那利群岛考察的时候，大哥的眼中又闪烁出我所熟悉的光芒，那种乐观向上，对未来充满渴望的光芒，那种随时准备付诸行动，随时准备接受挑战的光芒……

这一幕深深地印在我的脑中。大哥是带着对未来美好的憧憬走的。在遥远的天国，那里没有病痛，那里有大哥心里的美丽新世界。

凯撒中国创始人、凯撒旅游总裁

2016 年 08 月 27 日于北京

导言

2015年秋，我应凯撒旅游之邀，为各位即将看到的这本书，到德国汉堡做短暂的拜访。

汉堡有一座码头栈桥，那里曾是汉堡的“水上车站”。从威廉二世时代起，它就为横渡易北河的船只提供停靠。虽说是栈桥，远远望去却是一座古堡式的青铜色建筑，有绿色圆形穹顶和钟楼。当日秋雨迷蒙，雾色漫江，易北河上的景色别有一番风味。景色这东西就是这样，如非亲至，就很难用语言准确地表达。况且，同样的景色在不同人看来，感受不尽相同。因此，各位如有机会，还是自己欣赏为好。

在离栈桥不远的地方停靠着一艘通体绿色的帆船。这是一艘建于1896年的三桅帆船，船名为“瑞克莫·瑞克莫斯”号，来自德国企业家Rickmer Clasen

Rickmers的名字。1849年，瑞克莫斯在不莱梅成立了自己的造船公司。据说，公司已经传到第五代，仍在经营航运业务。它的商标由绿色、白色和红色组成，中心有一个大写字母“R”，在船首，还可以看到这个标志。

“瑞克莫 · 瑞克莫斯”号当年曾经漂洋过海，经历过远洋的惊涛骇浪，但现在已经被辟为帆船主题纪念馆，以著名景点的身份供游客一览往昔风采。帆船保存良好，尚可看出水手、导航员和船长当年在船上生活的痕迹，对航海历史有兴趣的人尤其应当一看。不过，真正让我盯了很长时间的，倒不是六分仪、海员室和船长服这些东西，而是通往底舱的通道口上悬挂的一幅油画。

这幅油画是造船公司创始人的画像。画里面，瑞克莫 · 瑞克莫斯先生一袭黑衣，蓄着大胡子，戴着圆眼镜，从容貌上看，有点像法国作家左拉。据说，自从帆船退役之后，画就被挂在那里，仿佛无声地提醒着来来往往的游客，这不仅仅是一幅画，更代表着瑞克麦斯轮船公司一百多年的历史。

有这种想法，大概是因为职业习惯在暗暗作祟。

和大多数作家不同，我写作的对象大多数是公司。其中既有本土的，也有外国的，所谓的知名成功公司不乏其例。可写得越多，却觉得值得一写的东西越少。在大多数人看来，公司的行业地位、销售额是最值得拿出来大书特书的东西，毕竟崇拜成功者是我们这个民族最大的习惯之一。

我有时挠着头想，这么干倒也不是不对。毕竟，能够获得大众价值观认同的成功，无论怎么说都是一件不容易的事。

可这些就能代表一家公司的历史吗？几十亿元、上百亿元的销售额，并被冠之以行业龙头、巨头、领军者……这些枯燥的数字和威风凛凛的代号就是一家公司的全部吗？大众价值观里的那些成功，就是创始人在创立公司时所考虑的事情吗？

或许，对于商学院的教授和学生来说，这些东西自有其研究价值。可是，当一个人结束了一天的辛劳，终于躺到床上，想要静静地享受一会儿阅读的快乐时，如果他还能津津乐道某家公司的“矩阵式管理”、另一家公司的“流程再造”，那还真是可以让人对他由衷地佩服。

日本有句古语：大江奔千里，终有其源；茂树高百尺，终有其根。一家公司无论经历了多少年，造就了多少商业奇迹，总有一个静悄悄的起点，终究是由一个个鲜活的人组成的。

作为一个书写过太多“成功案例”的作家，我真切地希望能够有一次机会，让我能把一家公司是怎样来到这个世界上，又经历了哪些故事，从人的角度还原出来。这是一家公司历史的真实所在，这些东西，是无法用广告或其他方式表达给这个世界的。

我想，除了相当美妙的旅游产品和服务之外，一段精彩的历史故事，就是凯撒旅游这家公司还能给予各位的东西。

于是，在一袭黑衣的瑞克莫斯先生的注视下，我做了一个决定——用完全不同于过去的方式，来写下凯撒旅游和陈茫、陈小兵两位创始人的故事。

希望各位能在灯昏时分，躺在床头慢慢读完这本书，并安心地静静等待他日凯撒旅游更多故事的出现。

2016年5月于北京

时北京百花争艳万木葱茏

我梦见一颗星，

一个光明之岛，

在那里我将出生。

在它活泼的闲暇深处，

我的生命将完成它的事业，

像秋日下的稻田。

——泰戈尔

引子

1982年的一天下午，北京市青年印刷厂的装订车间结束了一天的工作。下班后，装订工陈茫没有脱掉工作服。他身上的工作服棱线分明，干干净净，好像它不是卡其布的，而是挺拔的毛呢面料。在过去的三年里，他天天穿着洗净、熨平的衣服，假如不是这样，他就会有一种衣着不整、手足无措的感觉。

在车间的角落里，毛边的纸条堆成了小山，这些都是装订工人切下来的。日复一日，他们把印好的大张纸裁成书页，装订成书，再把切下来的碎纸和毛边清扫、成堆、运走。陈茫做的就是这个工作。

陈茫向着纸堆走了过去，步子很快，但很稳，和他不高的身材相得益彰。在纸堆旁，他轻叹一口气，然后清理出一块地方，坐了下来，有点茫然地看着装订车间里的机器，还有一摞摞待装订的书页。

和往常没什么区别，下班后的车间里静寂无声，倒是空气中弥漫着一股油墨、机油和胶水的混合气味。对这种味道，陈茫觉得它已经变成了自己生活的一部分，即便走出工厂，回到家里，依然挥之不去，好像只要轻轻吸一下，就会一下子钻进鼻腔。

过了一会儿，陈茫看见一个工友从远处走了过来。他向工友挥了挥手，于是，两个人并肩坐在废纸堆上，谈论着白天遇到的一些琐事。说完，他们便躺在纸堆上，手里揉搓着纸条，准备再打发一会儿时间就下班回家。

注视着纸条在同伴手里被撕成碎片，最后变成一片片细碎的纸屑，从手指缝里撒落在地上。陈茫突然感觉到，他手里撕的似乎不是熟悉的毛边纸。

“这是什么呢？”陈茫暗暗想着。

他突然浑身颤了一下。

“这有点像一个人的生命，”他想着，“被一块块切割下来，然后变成碎屑，时间就这样从指缝间溜走了，最后变成没用的废料，被扫进垃圾堆。”想到这里，陈茫不禁深深地叹了一口气。

“你今天怎么不爱说话？”同伴问道。

“我正在想一件事。”陈茫说，“咱们就这样交待啦？一辈子在印刷厂里切废纸？”

“那你还想干什么？”

陈茫坐了起来，心情非常沉重，他确实不知道自己该干什么。

工人是个挺不错的职业，有很多年轻人都盼着进工厂，当工人，拿一份儿工资，然后结婚生孩子、退休回家。厂里所有人也都是这么过的。但现在，他却觉得这种生活乏味不堪，就像印刷厂里的油墨味一样沉闷、单调，一成不变。在那一瞬间，他觉得有种东西就在自己的胸口翻滚着。

突然，同伴看见陈茫站了起来。他抖抖身上的纸屑，整理了一下衣服，然后挺直腰说：

“我可不想再干这个了，我一定要想办法从这儿出去。”

第一章

1

20世纪80年代初的北京没有今天这样多的高层建筑，灰色的大杂院是本地人的主要住所。五六十年代，随着大批外地人的迁入，一批黄颜色的苏联样式的楼房陆续出现在北京的东部。月皎时分，这些四五层的楼房以天空为背景，衬出整齐的剪影；优雅挺立的白杨沿着街道一字排开，修长的树影投在路面上；还有萤火虫隐隐约约地闪烁着，晃晃悠悠地在空中划出银色的弧线。

望着这沉静优美的夜色，平和与宁静逐渐渗透到陈茫的内心，他的家到了。

陈茫不是纯粹的北京人，他出生在四川成都，一直在祖父母身边读小学。学校距离成都的宽窄巷很近，那是成都有名的景致。陈茫在小学时期成绩优异，他一直自由自在地享受着一个孩子所能享受的快乐。几年之后，当他长大一些，在北京工作的父母将他接到身边与家人团聚，住进了位于北京三里屯的部队大院，开始了作为北京人的新生活。

陈茫对大院、苏式楼房和部队生活的新鲜感很快就消失了，取而代之的是不适应。因为他只会讲成都话，和周围的孩子很不一样，这让他遭受了不少嘲笑。对一向骄傲的陈茫来说，这可不是什么美妙的感受。

他开始用男孩子的方式来表达不满。翻栅栏、旷课、在大街上闲逛、在上课时间吵闹、在教室里走来走去……于是，他经常垂头丧气地在走廊罚站，性情也因此更坏了。他逐渐变成了捣乱的孩子，带人打架、用石头砸碎商店玻璃，也理所当然地得到了更多的惩罚。

对于这个毛躁少年，人们看法不一。比如他的弟弟小兵，就觉得没人比大哥更好——因为大哥总给他带零食回来，钱是陈茫参加外宾活动得到的补助。还有一次，陈茫从学校拿了几个窝头回家，老师家访时才知道，他是为了给妈妈尝一尝这种大锅饭的味道。

陈茫的叛逆情绪并没有在他学会了北京话之后就偃旗息鼓，他热情奔放，精力十足，仍然是个顽劣少年。但在不知不觉中，另外一些东西融入了他的生活，并逐渐在他的性情中加入新成分。

陈茫的中学离使馆区很近，那所学校的外语课教的是德语。他还参加了校乐队，在那里，他学会了吹长笛。从那之后，他就把砸玻璃的乐趣转移到贝多芬的交响乐上，并且开始了解德国。

从欧洲历史到交响乐，他都很有兴趣。这让他和其他男孩相比，有一种明显不同的气质。

如果有人遇见 20 岁出头时的陈茫，会看到这样一个人：他身材不高，却胸脯宽厚，给人体格结实的印象；他的嘴角向上挑起，这让他看起来永远像在微笑；最有特点的是他的眼睛，天生带有光芒，仿佛聚焦在远处的一簇烛光；他的神态活泼直率，仅仅是在他身边，就能让人心情畅快；他爱讲笑话，对别人讲的笑话，他会捧腹大笑，所有人便跟着他笑得前仰后合。总而言之，他的活力，让人实在没法抗拒。

因为没在学业上倾注太多精力，陈茫没有考进大学。不过这都不是事儿。在 20 世纪 70 年代末，能成为大学生的人本就少之又少，城市里年轻人理想的去向依然是工厂。在通过招工后，陈茫到北京市青年印刷厂当了工人，被分配在装订车间做学徒。

只上了几天班，陈茫就发现自己对这个职业没什么兴趣。装订学徒的工作枯燥乏味，他的手艺也不怎么灵光，少不了把纸切歪。三年时间里，他一直没出徒。

陈茫对这些一点都不在意，许多年之后，他常把自己的事当作笑话讲给别人听。厂里的日子让他觉得苦恼，除了工作单调，同事们的状态也让他无可忍受。大多数人都安于现状，每天把时间浪费在食堂饭菜质量这种事上。有一天，他蹲在食堂门口，看着打饭的人来来往往，突然觉得，眼前就是一辆辆有轨电车，永远在一条轨道上按部就班地运行。

很长一段时间里，陈茫每天都过得既无聊又压抑。有时他甚至盼着发生点大事，起码不至于像现在这样单调。

陈茫回到家里，走进自己的小房间，倒在床上。他回想着自己白天说过的话，这是发自内心的想法。他渴望改变，却不知道有什么办法能做到。他渴望按自己的想法生活，可是如果不做装订工，自己又能做什么呢？

他感到自己有点像塔楼里的囚徒，透过牢房的窄窗，能隐约看见自由世界里生机盎然的绿色，却被强囚在阴冷潮湿的高墙之内，只能黯然神伤。这些疑问、想法和感觉在他的脑子里久久萦绕，带着它们，陈茫沉沉睡去。

2

接下来的几天，陈茫像往常一样上班、下班。印刷厂也同样一成不变地运行，少有新鲜事。直到有一天，他从技术科办公室门口路过，发现屋子里很热闹，一群人正凑在桌子前谈论着什么。

陈茫走了进去，一点都不担心那里不是他的工作岗位。在厂里，人们总是欢迎陈茫的到来——他是为数不多有活气儿的人。

屋子里聚了好几个部门的同事。陈茫很快就弄明白是怎么一回事儿——厂里进口了几台印刷机，这种德国制造的四色印刷机比国产设备先进不少，但麻烦是机器说明手册是德文的，厂里没人看得懂。大家凑在一起，正在讨论怎么办。

“要是俄语我还能对付。”一个技术员说，“我只学过俄语。”

陈茫的心里闪过了一个念头，就像是夜幕里陡然一闪的火花。那种想干点什么的情绪一下子涌了出来。他伸出手，拿起那本不算薄的手册，手指捻过书页轻轻将它翻开，几个似曾相识的单词从眼睛里滑了过去。

“我试试，”陈茫说，“我上学那会儿学的是德语。”

这天下班后，陈茫早早回到了家里。他从书架上取下德文字典，拂去灰尘，然后从包里掏出说明手册，拧亮了台灯。

翻译工作并不轻松，印刷机说明手册有许多专业词。陈茫的德语很有限，他翻着字典，把词义记录下来，再把它们连缀成句。陈茫工作得挺吃力，整本手册的翻译工作几乎是逐词向前推进。

在接下来的几天里，陈茫沉浸其中，忙得不亦乐乎。与其说是为了结果，倒不如说他是在享受这个过程。虽然没有任何报酬，但他却觉得这份工作远比切纸更有趣，也更有价值。

他一边上班，一边加班翻译手册。这活儿干得不错，他把整本手册都翻译成了流畅的中文。这为他赢得了赞誉，从工程师到技术员都称赞他的才干。这让他高兴了好几天。当这项工作结束后，他脑子里冒出了一个主意。

“我是不是应该把德语重新捡起来？”他想着，“这是有用的工具，说不定可以帮我向前走一步。”

陈茫开始了自己的计划。这是他习惯的做事方式，他不喜欢拖延，只要有想法，就会立即动手。在此后几天里，他四处向人打听，想要找个地方补习德语。

1982 年的中国虽然还很落后，但已经曙光初现，整个社会中出现的各种迹象让很多人朦胧地感觉到，这个国家未来将走上一个空前的繁荣时代。这种感觉令一批年轻人激动不已，他们希望凭借自身努力来改变命运轨迹，而努力又少不了知识作为工具。因此，在北京的各个角落，为青年人补习知识和技能的夜校大量出现。有人评价说，那是整整一代青年的希望之所。

陈茫幸运地找到了一所夜校的德语补习班。他白天在印刷厂上班，晚上就跑到那里。他立刻感到充实多了。他非常清楚，自己失去了上大学的机会，那就必须要有一技傍身。因此，尽管一时半会儿还看不到改变，但陈茫的心情稍稍得到了一些安慰，他似乎开始碰触到命运之弦了。

德语补习班在成立之后不久便遭遇了一次波折。

在 80 年代的中国，人们最有兴趣学习的语言是英语，作为一个小语种，学习德语的学生和教师都寥寥无几，这为补习班带来了现实难题。补习班的费用需要学生平均分摊，因为学生太少，落在每个人头上的学费就太多。作为工人，陈茫的月工资只有几十元钱，他的同学也不比他好多少。没过多久，补习班就难以为继濒临解散了。

陈茫从老师口中听到这个坏消息时，迟疑了片刻，却并没有显示出慌张的神情。

“别担心，这事总有办法，咱们想办法就是了。”陈茫安慰着老师，“如果是学员太少，我去努力找一找。”

陈茫开始琢磨起来。他把这件事反过来想了一遍：自己找到这个补习班费了不少力气，因此应该有很多和自己一样想学德语却找不到补习班的人。如果把这些人凑成一个班，学费的难题就解决了。

“我终于想出办法了。”陈茫对同学说，“只要咱们让想学德语的人知道这儿有个补习班就行了。”

第二天，陈茫写了一厚沓招生广告，并四处张贴。结果和他设想的差不多，就在当天，新学生上门了。几天之内，陈茫凭一己之力，为补习班凑齐了一班人。

在补习班阶段的末尾，陈茫得到了更好的学习条件。看见儿子如此上进，陈茫的母亲大感欣慰，通过熟人的关系，为儿子在北京大学找到了一位德语教授，帮助他提高德语水平。

“那是谁？”陈茫问道。

“你这傻小子，”妈妈回答说，“那是位真正的好老师，是德国人，她的中文名字叫赵林克悌。”

从第一次见到赵林克悌女士开始，陈茫就发现妈妈说的丝毫不差。赵林克悌是位长者，戴着眼镜，扎着圆发髻，相貌中带着几分严厉，但她的经历却很能说明问题——从40年代起，赵林克悌女士就生活在中国，在北大和清华教了 30 多年德语，最后连她自己也数不清自己到底有过多少学生。

在此后的一段时间里，陈茫在下班之后，坐着公共汽车到教授家里学习，风雨不误、从无耽搁。他慢慢发现，尽管在中国生活了那么多年，可教授还是像传说中的德国人那样一丝不苟。有些时候，教授会留陈茫在家吃饭，顺便为他辅导餐桌礼仪和坐姿。她会从报纸上选一些新闻，用德语边读边和他讨论，并在一小时后就这几条新闻向陈茫提问。

陈茫的好学让教授非常满意。同时，他总是神采飞扬，一点儿都不怯于表达，这让教授表示了赞许——学习语言，态度有时更重要。但是也有一次例外。

那天，陈茫实在搞不清楚一些德语单词的阴阳性，他连着说错了几次。教授因此很不满意，狠狠地训了陈茫一顿。

看着自己的学生有点灰心，赵林克悌女士用一本小说的书脊敲了敲桌子，大声说道："Reiß dich zusammen！ Du kommst nicht hierher，um zu lernen，wie man den Kopf hängen lässt！"（振作点，你来我这儿不是学垂头丧气的。）

在度过了最基本的阶段之后，教授开始向陈茫讲授更多的知识。她有神学、哲学、历史学等多个学位，这为陈茫打开了一扇宝库之门。在学习语言的同时，通过这些知识，陈茫第一次真正接触到西方世界，也了解到究竟该怎样用西方世界的方式来与西方人打交道。

恐怕再没有比“名师出高徒”这句谚语更适合总结这段经历的了。陈茫获益良多，他的德语已经有了相当水准。再加上他那热情的性格、时刻旺盛的精力，使他和别人相处时永远不会找不到话题。他的举止更为优雅，总是显得友好而不自命不凡，亲切而不莽撞无礼。凡是与他近距离接触过的人，都会不知不觉为这样一个人所吸引。

当绿树悄悄地在塔楼的窗下生根发芽，常春藤开始温柔地爬过灰色砖瓦，那个被囚于墙内的年轻人，看起来缺少的只是一个机会。

3

当年轻的陈茫为了改变命运而不断努力时，他脚下的国家也正在发生巨变。他在当时并不清楚，这个变化当中包含着他需要的机会。

20 世纪 80 年代是中国历史上的特殊时代，改革开放成为这个国家的最新口号。从城市到乡村，有商业意识的人开始尝试着依靠做生意养活自己，人们开始尝试追求富裕、追求新生活，这给整整一代中国人的观念带来了冲击。

而在国门之外，西方世界也以新奇的目光打量着这个与众不同的国家。来自东方神秘大国的传说让很多西方人对中国抱有好奇心，像磁铁一样吸引着他们。这种情感在西方逐渐形成了潮流，促使西方人踏上中国的土地一探究竟。

致力于发展经济的中国当政者清楚地洞见了这股潮流，在他们看来，潮流背后是巨大的商机。发展旅游业对于中国经济的好处显而易见，因为西方游客将会带来大量的消费，而中国却并不需要为此付出太多。国内有数不清的名胜古迹和秀丽山水，这些资源在过去30年里几乎是闲置的。此外，国内还有大量剩余劳动力，他们可以通过在旅游行业里从事服务工作来养活自己。

因此，尽管在外国人是否会给社会风气带来不良影响的话题上还有争论，但中国政府还是决定打开国门，让尽可能多的外国游客踏上中国的土地。作为发展旅游业的措施之一，政府成立了国家级的专业涉外旅行社。1982年，一直与国家旅游局合署办公的中国国际旅行社独立出来，与中国青年旅行社、中国旅行社共同成为具备接待外国旅游团资质和能力的三家官方机构。

旅行社的业务并不复杂，比如中国国际旅行社的全部对外联络，都由位于北京东长安街6号的国旅总社完成。旅游团入境后，总社为每个团派出一位全程陪同的导游，按先前规划的旅游线路游览。旅游团每至一地，都有当地国旅分社的导游陪同游览，负责讲解、安排吃喝住行，直至旅游团出境归国。

和今天不同，80年代，绝大多数国外游客是第一次到中国旅行，因此他们务必要选择最具特色、最典型的中国城市作为旅游目的地。30年后，国旅总社当年的导游李京学还清楚地记得国旅当年的传统线路，那是一条由北京、西安、上海、桂林、广州五个城市组成的旅程。

当李京学还是个小伙子的时候，他曾经作为国旅总社的全陪导游，多次往返于这条线路。北京通常是旅游团的入境口岸，广州则是旅程的最后一站，旅游团在这里乘火车去香港，结束他们的中国之旅。

在德国文学专业毕业后，李京学被分配到国旅总社，专门负责德国旅游团的接待。对这个工作，他很快便驾轻就熟、从容不迫，并且很快对导游工作萌生出强烈热爱。这一方面是发自内心的热爱，更重要的原因是，在 80 年代，导游是一个好职业，可以给人提供充足的职业自豪感。

这份自豪来自许多方面：在饱览山水的同时，导游可以增长阅历见识；工作环境也相当优越，一名涉外导游往往同时担任翻译，需要时刻紧密陪同，这使导游可以自由出入酒店、宾馆、友谊商店，甚至国际俱乐部——在 80 年代，中国找不到几家这类场所，而且绝大多数只限外宾出入；在收入上，导游除了自己的工资，还有外宾为表示感谢而额外馈赠的小费。

有一件小事很能说明涉外导游的特殊待遇。考虑到导游们的形象，国旅总社为每位导游配发西装。这些西装的码数统一，导游们穿着是否合体全看运气，但在 80 年代初，一套西装却足以把他们和普通中国人区别开。

在一个物质尚不富裕的国家，人们对涉外导游工作条件和收入的羡慕，是非常自然而本能的感情。不过，能成为涉外导游并不容易，过硬的外语是必备条件。在当时，只有外语专业的大学毕业生才有机会进入这个体系。

陈茫与这个体系发生关系，得益于命运的眷顾。对于这个上进的青年，命运之神慷慨地赠送了他一份礼物。

随着越来越多的外国游客进入中国，国旅的管理者很快发现，面对真正的商业需求，旅行社的接待能力并不充足，专业导游不敷使用，尤其是有小语种能力的导游更加稀少。因此，中国国际旅行社决定用招考的办法扩大国旅的导游队伍。

这个消息让陈茫又惊又喜。如果他能成为一名导游，那意味着他可以转换身份，从工人变成一名国家干部。在当时的中国，这是两个不同的阶层，在社会上的地位差别分明。但在陈茫看来，这还不是最重要的，导游这个职业真正打动他的地方，在于它完全符合自己对于精彩人生的追求。

面对这个机会，陈茫没有表现出丝毫犹豫。他知道，这是转换命运的关口。

凭借流利的德语、良好的社交能力和不错的知识面，陈茫征服了考官，成功捕捉了这个机会。他如愿以偿通过了考试，随后被分配到国旅下属的北京分社，成了一名德语导游。

身处 1983 年的陈茫只是本能地觉得，他必须追求更有价值的生活方式，因此导游是一个理想选择。他并不清楚，沿着他为自己打开的这道新门，自己竟然可以一路向前，接触到无数壮丽美景，经历精彩纷呈的丰富人生。

4

从这一年的下半年开始，陈茫开始了新的生活。作为国旅北京分社的导游，他的职责是陪同旅游团在北京地区的全部行程，包括景点讲解、翻译、食宿、交通安排等诸多工作。

作为一名新导游，陈茫上手很快，并且表现出令人惊讶的优秀。这显然是因为他在性格、能力这些特质上都符合这个职业的要求。对于这些特质，人们有时无从细分，就索性把这些特质笼统地称为天分。这样说倒也没什么不可以，只是我们完全可以通过这些特质更细致地观察陈茫。

受益于赵林克悌教授的教导，陈茫的德语成了他的专长。许多外语的使用者都有一种习惯，他们总是专心琢磨词句，就连在谈话中都字斟句酌，所以与他们交谈时难免感到涩滞。但是与陈茫在一起却不会有这种感觉，他当机立断选择的语句总是准确无误，这使他的话简单有力，面对游客提出的形形色色的问题，做到应答巧妙、得体而不失分寸。

曾经有一次，陈茫接待了一个旅游团。游览之余，一位游客向他提问:“你们这儿还有扎辫子的吗？”

陈茫懂得这话的意思，他回答道:“有扎辫子的，女孩子。”

“那么男人呢？”

陈茫耸耸肩膀:“男人怎么可能有扎辫子的？”

“不对呀，我看过书，书上说中国男人都扎辫子。”那位游客说。

“您说的是我们的清朝时代。据我所知，在德国腓特烈大帝的时代，普鲁士军人也会扎发辫。”陈茫微笑说，“不过，在今天的德国，男人们同样放弃了这个传统，不是吗？”

类似于这样的对话，在陈茫的导游生涯阶段发生过很多次。而在导游重要技能之一的讲解中，陈茫表现得更为得心应手。他挥洒自如、神态自若、旁征博引，使绝大多数游客都为之吸引，以至时常成为整个旅游团的中心。

陈茫在交际上表现出来的彬彬有礼与善解人意，令人感到钦佩。他可以很快从一个人身上发现其兴趣所在，并且就此与其深入攀谈；如果这个领域恰恰是他所不了解的，那么他绝不会放弃这样一个学习的机会。他可以用对方完全能理解的词语和一个孩子说话，也可以和一位学者用文雅的词句谈话。凭着这一点，他与不少游客成为朋友，在他们回国之后依然保持书信往来。而作为导游，他同时要负责一个旅游团在旅程中平安无恙，这对于一个人的细致和应变要求很高，在这方面，陈茫同样得到了极好的磨炼。

陈茫是个优秀的导游，这一点得到了同行和游客的双重认可。他的抽屉里摞起了一大堆荣誉证书，那是国旅颁发的，是对优秀导游的肯定。陈茫在工作中享受着他所期盼的精彩人生，他在许多景点开怀大笑，与游客勾肩搭背，留下了许多照片。他不断从身边汲取营养，积累阅历。通过这一段经历，陈茫熟知了一家旅行社的业务流程，了解了在接待旅游团过程中可能出现的各种细枝末节的问题。他的这段经历，在日后将成为他相当宝贵的财富。

时光就这样过去了三年，陈茫过得快乐而充实。1986 年，陈茫 26 岁，这正是年轻人谈婚论嫁的岁数。在这一年，陈茫与一位名叫朱晓惠的姑娘相识了。

在陈茫看来，朱晓惠并不是完全的陌生人。两人的父亲是熟悉的老同事，陈家与朱家一度住在同一栋居民楼，是上下楼的邻居，两人甚至同在一所小学读书。不过，在他们的少年时代，这种关系却并没有帮助两个人熟悉起来。陈茫比朱晓惠大三岁，这种年龄差和性别差让两人分属不同的孩子群体，各玩各的，相互并不了解。

朱晓惠是朱家最小的女儿，娴静、文雅，带有东方式的甜美，从幼年起就成绩优异、遵规守纪，是学校里的好学生。这与陈茫形成了鲜明对照。在少女时代，朱晓惠不止一次地从家长的闲谈中听到陈茫的故事，不过很遗憾，这些故事的主题往往是陈茫因为某种捣乱行径而接受惩罚。

陈茫与朱晓惠的恋爱始于相亲，这是标准的中国式婚姻的开端。这一年，正在首都师范大学数学专业读三年级的朱晓惠，在双方父母的安排下与陈茫见了面。相亲通常的形式是父母和媒人的交谈，年轻人则相对腼腆拘束。在这种场合，即使以陈茫的交际能力和热情的性格，也无法发挥太大的作用。

不过，朱晓惠的娴静和文雅显然吸引了陈茫，在那一次见面后不久，陈茫对朱晓惠发出了邀请。那天晚上恰好有一场德国乐团的造访演出，两人在音乐厅里完成了第一次约会。从那个愉快的夜晚起，两人开始了恋爱。

按照那个时代的观念，也许陈茫的人生会就此固定。在过去的几年里，他接受过时代的安排，也勇敢地扭转过自己的人生轨迹。在很多人眼里，作为一名出色的导游，他的收入稳定、工作体面，现在有了女朋友，理所当然地继续过稳定的生活了。

不过，陈茫不是那样的人，他并不习惯沉湎于安逸。对于某一种生活，如果人们都觉得它足够稳定，那么他就会认为这过于平庸；如果人们都认为它足够精彩，那么他就会耸耸肩告诉人们，这还远不是最精彩的部分。

对于导游这个职业，陈茫所持的正是这样的态度。在工作了几年之后，他已经是同事中收入最丰厚的那一个，不过他并不因此而满足。在工作之余，陈茫开始试探着寻找一些其他的机会。

在80年代中期，致富已经不再为人们讳言，在中国的城市和乡村，个体户成批出现。陈茫常年在外走动，对这类信息广有见闻。他接触过许多类生意，曾经一度萌生想法，想要与朋友在北京远郊合办养鸡场，最后虽然因为计划有欠周全而作罢，但这种凭借个人努力改善生活和改变命运的想法，却已经在他的内心深深扎下了根。

5

在一个夏日的夜晚，陈茫没去陪团，也没有和朱晓惠约会，他坐在自己的房间里，想着自己的心事。他最近有些困惑，主题是关于个人的未来。他非常清楚，导游这个职业一定不会是自己一生的归宿，但什么才是更好的选择，他并不十分确定。

没有结果的思考容易令人心神困倦。陈茫决定放松一下，当墙上的挂钟指针指向 10 点钟，他打开收音机，调到中央人民广播电台的音乐频道，那里常有西洋古典音乐，这是他一直以来的爱好。

他靠在椅背上，有点懒散，原本打算听一首舒缓的音乐，不过收音机里传出的声音让他一瞬间坐直。那是四个渐强的下行音，陈茫一下子就听出来了，他对这首曲子再熟悉不过了，那是贝多芬的《第五交响曲》。

弦乐紧随其后响起，陈茫的手跟着打起了拍子，他被乐曲带动着。自从他 16 岁第一次听到这首名曲之后，就对它念念不忘，每当听到第一乐章，总是能令他精神抖擞。他对每分钟 132 拍的快板节奏格外钟情，既不会让人感到忙乱，又能使人振奋，如同一个人有条不紊的充实的生活。

法国号响了起来，音乐变得优美舒缓，陈茫再次靠在了椅背上，重新开始思考。他最近听说在他身边的同事中，有些人正在联系出国留学的事宜。

陈茫听说后，感觉似乎被击中了心扉。从少年时代学长笛、跟随赵林克悌教授学习德语，一直到他担任德语导游，这些年来，他一直生活在中国，但接触的却是德国文化，这不免让他对德国向往不已。他很想有朝一日能够亲赴德国，到诞生贝多芬、海顿、黑格尔、叔本华这些大师的故乡去看一看。

这种想法冲击着他的心灵，不过他同样清楚出国并不容易。联邦德国并不是一个移民国家，这意味着每个想去那儿的人，都要以留学生身份前往，同时必须找到一位愿意为自己提供经济担保的联邦德国居民。这虽然只是一道手续，但对提供担保的人来说，却是一份不小的责任，谁会愿意帮助自己呢？

收音机里，弦乐和法国号开始交替作响，好像两种乐器在竞赛。这段熟悉的旋律如今在陈茫听来，开始有了完全不同的意味，它几乎就像是命运和反抗在相互搏斗。双簧管呜咽低沉地演奏着，陈茫的思绪更加深沉。他已经不再是一个莽撞少年，他有不错的职业、还算丰厚的收入，这令很多人羡慕，同时也是自己努力的成果。如果把这一切统统放弃，在遥远的德国，能得到更精彩的生活吗？

陈茫的眉头紧锁，他从未感觉到第五交响曲的第一乐章如此漫长，直到法国号的强奏昂然出现，他才像是被骤然唤醒，他的手攥紧了，直到那四个雄壮的渐强音重新出现，他猛然站起身，关掉收音机。

他有了自己的答案。

在接下来的一段日子里，陈茫开始在自己陪同的游客当中寻找关系，看是否有愿意帮助自己、为自己做经济担保的德国人。

经过很长一段时间的筛选，陈茫找到了合适的人选。那是一对非常淳朴的德国老夫妇，在他们的中国之旅里，陈茫对这对老夫妇照料周全，与他们相处甚笃，在他们回国后也常有书信往来。

陈茫试着向这对德国老夫妇发出了信件，向他们开诚布公地袒露自己希望到联邦德国留学的想法，并且询问对方是否可以为自己提供经济担保。

电话的另一端，老先生在静静倾听，并没有打断他的话。

陈茫的心怦怦跳着，他知道这对夫妇非常友善，有很大可能同意他的请求，但他仍然忐忑不安，等待着对方的反应。

听完陈茫的话，老先生没有丝毫犹豫，表示愿意做陈茫留学的经济担保人。

放下电话，陈茫走到街上，此时北京冬季将至，树叶已经一片赤褐，这不是北京最美的季节。不过，此刻的陈茫却觉得街景舒展开阔，天地似乎都在长舒一口气。

他知道，在与命运的搏斗中，自己又获得了一场胜利。

第二章

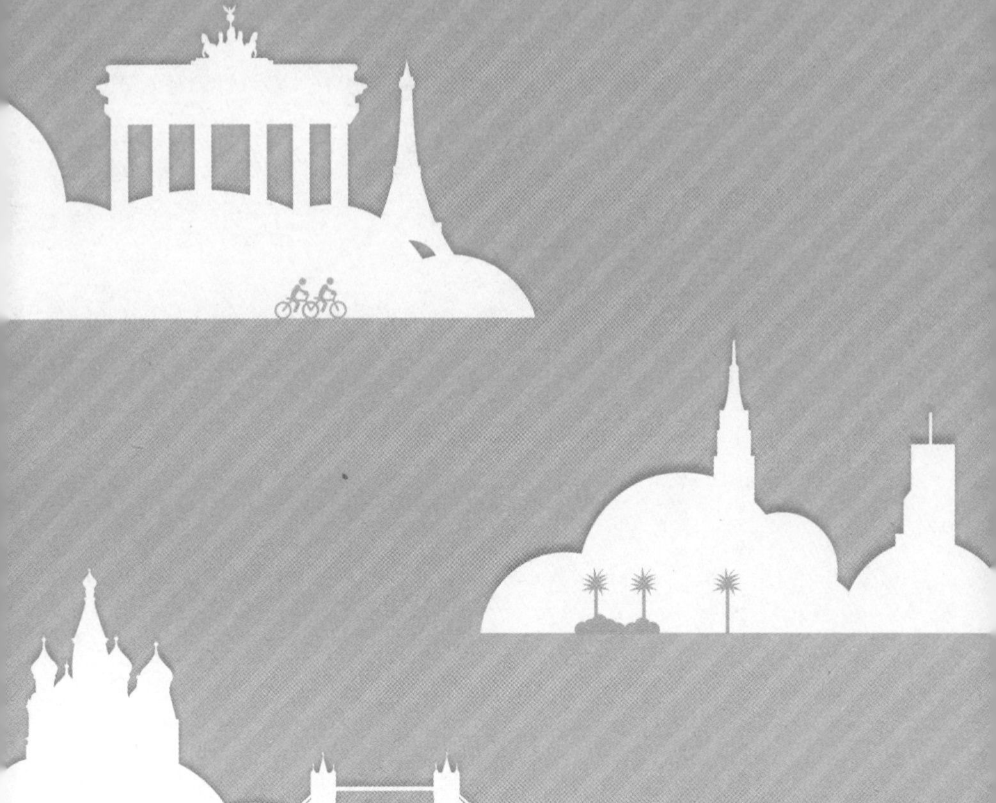

28 岁的陈茫坐在飞机上，透过万里晴空，戈壁、河流、雪原和山川如同沙盘模型，被一点点甩在身后。他跨越蒙古，横穿苏联，准备跃过高加索山脉，进入遥远而又全然陌生的欧洲大陆。

几个月前，陈茫拿到了德国哥廷根大学的录取通知。他从书上曾经看到，哥廷根是一个曾拥有过高斯、普朗克等科学巨擘的城市。他期待着自己将那里作为起点，开始一段更精彩的人生。而同时，一种异乎寻常的沉重感也不时袭来，令他感到胃部收紧。他试图用乐观和轻松的念头驱散它，却发现收效甚微。多年之后他才认识到，每个人在去国离乡之时，都会因为不确定感而感到不安，这种情绪乃是人与生俱来的本能。

陈茫调整了椅背，让自己坐直以便阅读。他开始翻看着自己带的一本书，书上的汉字逐渐使他的心境恢复了平和。然后他开始回忆起朱晓惠。在过去两年的相处中，他逐渐发现朱晓惠具备一种特质，那是一种乐观豁达的品性，她喜欢积极地看待事物，这也是陈茫的习惯，这种相似让两人在情感上更为亲近。在两个月之前，陈茫与身为大学教师的朱晓惠结为夫妻。他身上多了一份家庭的责任，同时也在精神世界里找到了知音。

这种回忆为陈茫带来了更多的精神抚慰，他沉浸在自己的思考里，直到庞大的机体穿过厚重的云层，俯身向法兰克福机场降落。

空中小姐的声音从机舱广播中低低流出，用英语和德语提醒乘客待飞机停稳再解开安全带。虽已是 3 月，联邦德国尚有寒意，透过舷窗，陈茫朦胧地看见地勤穿着厚重夹克，正在灰色的跑道上穿梭忙碌，直到飞机停止滑行，他看到了候机楼上大大的“Frankfurt am Main（法兰克福）”。

在 1988 年的春天，陈茫意识到，自己的新乐章开始了。

哥廷根属于下萨克森州，是一座有千年历史的小城，风貌怡人，街道古意盎然，陈茫在这座城市驻扎下来。他眼前有两大目标，一个是进修德语，为了这个目标，他在哥廷根大学听课，研读大量书籍，经常四处游历，广泛与人交谈，这帮助他的德语水平进一步提升，并且逐步适应了新环境。他的另一大目标是解决生活费用问题。陈茫带来的积蓄很有限，不过即便再多几倍也无济于事。在 80 年代后期，中国人的普遍月收入只有 100 元左右，无论怎样省吃俭用，也无法应付一个人在联邦德国的开销。

在度过了最初的三个月后，陈茫得到了一个工作机会。这个机会在北部的汉堡，那里有一位老华侨想开办旅行社，却苦于没有得力之人。这位老华侨想到，似乎可以去旅游博览会找人。在那里，她遇到了陈茫在国旅的同事，巧的是，这位同事恰好知道陈茫正在德国，就把他推荐了过去。

在得到这个消息之后，陈茫欣然决定接受这份工作。这是他的老本行，对于旅游行业，陈茫既熟悉，又热爱；重要的是，工作可以带来收入，这是解决生活费用的唯一办法。于是，他离开了哥廷根，搭上火车前往汉堡。

陈茫习惯用热忱来迎接机会，这在相当程度上也来源于自信。他曾经是个好导游，大致清楚一家旅行社该怎样运作。想到这些，他感到心情舒畅。他坐在火车靠窗的位置上，欣赏着窗外景色。铁路两侧几乎都是田野与森林，时当夏初，春天新发的嫩草已经长得很高，生机勃勃，树木大多是红松，其中混杂着云杉、槭树和山毛榉，大地被覆盖在水嫩丰腴的绿色之下，看起来就像一幅巴比松画派的风景画。

打开车窗之后，陈茫深深地吸了一口气，他感觉轻快无比，活力倍增。他盼望着能在异国他乡一展身手，妥善地打理一家旅行社的业务，甚至忍不住开始设想，这是否意味着一份事业的开端。

陈茫在汉堡的晴朗天气中到达，阳光从天空倾泻而下，斜洒在广场的石板路上。陈茫走出车站，按约定前往目的地。隔着广场，远处有一座大教堂，绿色的高耸尖顶清晰可见。但只走了几步，陈茫就发现，这里很少看得到观光客的身影，只有穿着日常服装的当地人，抱着食品袋和公文包来来往往。

陈茫的观察准确无误。在德国，传统风情并不是汉堡最大的特色，它以商业城市的身份为世人熟知。汉堡的商业史可以一直追溯到12世纪，随着与北部各港口城市建立自由贸易联盟，汉堡成为汉萨同盟的中心，它是粮食、布匹、鲱鱼和形形色色商品的中转站。它有大型海港，是德国的外贸中心和金融中心，是交通枢纽。几百年来，这座城市一直聚集着进口商、出口商、海员和码头工人，大量公司和商人在这里进行各种各样的交易。在这座城市里，商业的气息既鲜明，又隽永，几乎称得上是历久弥新。

正是这一点打动了那位老华侨，她觉得这座城市饱蕴商机，因此决定在汉堡开一家旅行社。但这个想法仅限于此，她并非行业中人，对于旅游所知有限，除了不多的起始资金，这家旅行社既没有现成生意，也没有人手。而当陈茫了解到这些时，他已经应承下了这份工作。陈茫是个信守承诺的人，作为唯一的员工，他要凭一已之力，把这家旅行社创办起来。

2

在汉堡火车站旁边，新成立的耀华旅行社租下了一个小房间作办公室。几天下来，陈茫为空无一物的办公室通上电源，买来桌椅，装好电话和传真机。他虽然办事麻利，但这些琐事也足够他折腾几天。等到把这一切打点妥当，陈茫搬了一把椅子坐在屋子当中，一边休息，一边仔细考虑旅行社的生意。

这几天里，陈茫把最早的幻想一扫而空，他在脑子里把耀华和当年的国旅做着比较，发现耀华其实根本没有开展旅行社业务的条件。耀华没有游客，就算有，他也没有足够的人手和车辆来为客人服务；他不知道该带客人去哪里游览，也不知道该把客人安排在哪里吃饭、睡觉。在国旅，这些都是现成的，不必他来操心，只需要做好导游的分内之事。

他现在不得不面对现实，耀华只能选择力所能及的生意。这门生意倒是现成的，那就是做机票销售。在欧洲，有一批旅行社是航空公司的机票批发商，因此有很多人通过旅行社买机票。这让他想到，耀华可以找一家大型旅行社，代理它的机票业务。一旦有人愿意通过耀华订票，那就可以从中赚一笔手续费甚至差价。

“这就像是大批发商下面的小零售。”陈茫想着，“这起码能让我们活下来。”

在理清了自己的思绪之后，陈茫立即行动起来。他需要的旅行社并不难找。他翻报纸，到大街上去看广告，沿街挨巷地寻找，很快就找到了一家合适的，并且谈妥了合作。这时新的难题又冒了出来，那就是恐怕没什么顾客会主动上门。

陈茫知道这是理所当然的事儿，没人听说过新成立的耀华，他必须得自己出门揽生意。在接下来的一段时间里，他几乎不在办公室停留，每天都在汉堡的大街小巷奔走。像那句中国谚语所说的，功夫不负有心人，他有了一个可贵的发现。

汉堡是一座五方杂处的商业城市，又是贸易大港，因此有数量可观的各国公司在这座城市设下办事处。这一点帮到了陈茫，他发现，中国外经贸部在汉堡同样设立了自己的办事机构。这个叫作“贸易中心”的机构，实际上是一个中国对外交往的窗口，国内最大的一批国有企业都在这个机构里设立了办事处。

这显然是中国在改革开放初期的特殊产物，不过，陈茫对此无暇多想，他看到的是机会。凭着口才、礼貌和交际能力，陈茫把情况摸得一清二楚。贸易中心里有不少中国人，他们都是各企业外派出来的员工，每隔一段时间，就会回国探亲。这时，订机票就成了件不大不小的麻烦事。因为绝大多数中国人都只会讲英语，这让他们在和航空公司的德国人打交道时大费周章。

把这一切弄清楚令陈茫感到高兴，这是个实实在在的需求。重要的是，他既懂德语，又懂中文，完全可以充当中介，帮助贸易中心的中国同胞代买机票，这是他可以提供的价值。陈茫虽是头一次运作一门生意，却清楚地知道，这种独一无二的能力，就是生意运转起来的保证。

这种兴奋，使陈茫感到一股动力。他没有耽搁，立刻筹划起下一步的行动。他需要有第一批顾客，这必须靠主动兜揽。对于这一点，他也想到了办法。几天前他注意到，在耀华旅行社旁边有一家中文书店，包括贸易中心的员工在内的许多中国人，空闲的时候都会来此买书。

“这正是一个拉生意的好地方。”他想着。

第二天一早，陈茫早早起床，认真梳洗打扮，让自己看上去整洁体面。他在口袋里揣上一盒名片，一大早就守在书店门口。不大一会儿，他看到一个中国人从远处走了过来，一直走到书店门口想要拐进去，显然是书店的顾客。

陈茫彬彬有礼地伸出手，向这位同胞递出一张名片。

“您好，我叫陈茫。”

这位顾客略显惊讶地点点头。

“我在耀华旅行社工作，我们可以代买机票，如果您有需要，可以打电话联系我。”陈茫的黑眼睛里闪动着光芒，语气里透着一股诚恳劲儿。

顾客没有说什么，只是冲着陈茫点了点头，然后把名片收了起来。

在接下来的几天时间里，陈茫每天早起，穿戴整齐去书店，和每一个中国人打招呼，递名片。当他发现自己见过的面孔重复出现得越来越多时，他知道，播下的种子快到了收获之季。

陈茫调整了计划，每天拿出一半的时间守候在办公室里。他就坐在电话机前，直到有一天铃声响起，他几乎是在同时，一把抓起电话听筒。

电话那端传来了一个声音，是中文。那声音说道：

“请问这是耀华旅行社吗？我找陈茫，我想订张机票。

3

陈茫在耀华旅行社工作的时间并不长，1988年的秋天，他离开了旅行社。没能把这门生意继续下去，让他的心情难免沮丧，他觉得这是个相当有赚头的好生意，不继续下去未免可惜。但他也是个遵从现实的人，旅行社的工作为他带来的收入很有限，他还要接着完成他的目标。

陈茫没有离开汉堡，他发现自己对这座城市极富好感。不错，这是一座商业城市，但也称得上风光旖旎。在市中心的内阿尔斯特湖，以砂岩建成的市政厅矗立其旁，有着典型的文艺复兴风格。高耸的绿色塔楼，大楼端面有半圆形的壁龛，里面安放着汉堡守护神汉莫尼雅的镶嵌画，还有数座青铜雕像。透过严整的外观、豪华的装潢，人工的精心设计一览无遗，显示出汉堡这座城市在百年前就有的充足财力。

陈茫会在闲下来的时候来这里驻足欣赏，他喜欢这种老派的风格，也常常琢磨这些建筑、陈设和装潢背后的历史和故事。市政厅的后院是汉堡商会的所在地，那里的装饰让人不由得想到历史上的繁华，甚至是奢华，但是那种充满优雅、美丽、稳重端庄的奢华。这会促使陈茫停下来凝神静思，他有时甚至把自己想象成当年众多成功商人中的一位，在市政厅的大宴会厅里与来自全欧洲的使节与商贾握手寒暄，互致问候。

有时他也会搭车远足。初秋的汉堡，附近的村庄生长着茂密的树林，有松树、橡树、栗子树，椋鸟、红腹灰雀躲在叶间歌唱，红松鼠和灰松鼠反反复复地搬运橡子。田野中棕黄或深绿的浓郁色彩映衬着树篱和林木的暗色调，在灰蓝色的天空下，显得出奇的醒目。陈茫时常想到，正是一代又一代汉堡人全力以赴，辛勤劳作，把这座城市当成一个花园一般照料，才得以塑造出这般光辉灿烂的效果。

不久，陈茫在克尔西大街上的北方宾馆找到了一份新工作。

北方宾馆与耀华旅行社只有一街之隔，正对面就是绿色尖顶的圣乔治教堂，旅馆的门脸贴着白色的瓷砖。北方宾馆临街而建，在一进门的位置，辟出了一块地方当作前台，沿着前台一直向里走有几十间客房，地下室是餐厅和厨房。宾馆经理是一位名叫李福全的华人，李福全给陈茫讲了自己的故事。他原本是一位研究微生物的学者，38 岁才来到德国，在失去了国内的教职后，几经周折，最后与一家中国国有企业合资创立了北方宾馆。

陈茫通过了应聘，在北方宾馆做了一名前台。他在国内常进出酒店，因此看得出北方宾馆虽谈不上高档，却还算体面，吃住费用划算。他很快发现，北方宾馆的生意不错，超过九成的客人是来汉堡公干的中国人，基本都是政府和国有企业派出的考察人员，外经贸部的贸易中心常介绍他们住在这里。因为这是汉堡唯一的中国宾馆，有国有企业投资，学者出身的李福全又是个正派人，对于中国人来说，北方宾馆是个既踏实又便利的选择。

陈茫的工作和所有旅馆前台没什么区别，帮助顾客登记入住、退房和收费。在那些没什么客人的旅馆，这份工作非常清闲，但北方宾馆总是顾客盈门，因此陈茫每天都要面对数不清的繁杂事务。他会时常拿起电话，一次为10个人安排房间；刚放下电话，又一群客人就踏进门，把前台围得水泄不通。假如一群人里有男有女，他就要为其悉心调配，把男女客人分开安排在不同房间。客人常会在深更半夜才到宾馆，所以他有时也必须值夜班。

做导游的经历帮到了陈茫，他懂得怎样才能忙而不乱，很能分得清哪些事真正紧急，哪些只是客人的催促和抱怨。前者需要立即处理，而后者只需要安抚情绪。这让他有条不紊，不至于总是手忙脚乱地瞎忙一气。在这份工作上，他很快就干得得心应手，哪怕有三四拨客人同时上门，他也能安排得妥妥当当。

北方宾馆代办客人的膳食，为了照顾中国客人的口味，一天三顿基本都是中餐。厨房有两位厨师，但客人太多，他们负担这份工作总是力不从心。有一次，北方宾馆住了一个一百多人的考察团。要为这么多人供应三餐，还要在客人起床前就把早点准备妥当，陈茫也不得不下厨帮忙。虽然厨房油烟弥漫，又难免水火烫伤，但素来整洁的陈茫却毫无怨言，他动手煮白粥、煮鸡蛋、做冷荤菜，甚至炸油条。他不是巧手之人，却做得有板有眼。

虽然北方宾馆的店面算不得排场，但陈茫却展示出一位五星级酒店大堂经理的风度。他长于交际，知道该怎样接人待物，和在国内做导游时一样，他依旧令客人们喜欢上他的健谈、友好和彬彬有礼。

陈茫的非凡体现在对他人的吸引力上。有时，结束了一天行程的客人会主动跑到前台和他聊天，他们当中颇有一些位阶不低的官员，他们就随随便便搬把椅子坐在那儿，或是干脆一站半个小时；陈茫也就那么一边忙，一边倚着柜台和他们聊天。他那轻松愉快的举止和亲切自然的态度经常能产生神奇的效果。他的身上像是有股磁性，人们注视着他的黑眼睛，凝神听他说话。

他安慰客人，和他们讨论晚餐口味，帮他们消除身处异国他乡的陌生感；他会事先读报，以便能告诉他们汉堡第二天是刮风还是下雨。他满腔热情，知无不言，简直就是个知识库。他谈起各种趣闻逸事时，难保就让哪位来自国内的老局长张大了嘴。他也会向客人打听国内的情况，好清楚地知道国内发生了哪些大事。他既能很好地聆听，也能很好地交谈，尽管手里一刻不停地忙活，人们却觉得他似乎不知疲倦，永远精力充沛。无论是深圳特区来的考察团，还是中央政府的访问团，每当旅程结束，总有那么几位客人会和他成为朋友。

陈茫在北方宾馆每天可以拿到 50 马克的薪水，这份收入在联邦德国算不上丰厚，但在 80 年代末，1 马克可兑换 6 元人民币，对从国内出来不久，又需要攒钱的陈茫来说，这份薪水异常宝贵。这是因为他是一名留学生，按照联邦德国的法律，留学生无法申请工作签证，想要在德国延长居留，就必须有大学的成绩单证明。他还希望将朱晓惠也接出国，这是他的下一步计划，两个人读书、生活需要一大笔钱，没有充足的积蓄是办不到的。

他把这些钱尽量攒起来，一度有那么一段时间，陈茫过着相当节俭的生活。他在地下室租了一个小房间，房间里只有床和简单家具，仅能容下一个人坐卧行止。每天早上，他都去克尔西大街的拐角，那里有土耳其人的小摊，可以买到一种烤饼，这种食物只卖不到 1 马克，分量十足，一份可以连吃两三顿，除了宾馆的工作餐，他就用这个充饥。在很多年之后，他对土耳其烤饼依然很有感情，却绝不愿意再尝上半口。

陈茫是那样节约，以至于连买一盒巧克力也要犹豫再三，总想着把钱花在更重要的地方。每隔几天，他就会去火车站的公用电话亭给朱晓惠打电话，差不多一分钟要花 1 马克。这是他在孤单生活中的一大慰藉。在那段日子里，他唯一一笔大的开销，就是为自己买了一套西装。陈茫对那套西装心仪已久，跑去商店反反复复看了好几遍，就像男孩在橱窗端详一架玩具飞机。他始终不舍得打开钱包，直到他的母亲作为政府代表团成员来汉堡访问，他必须有套出席官方场合的正装时，陈茫才勉为其难地解囊，把这套连纽扣都看熟了的西装带回地下室。

4

陈茫在汉堡所经历的艰辛与孤独，并不专属其一人，这也或多或少地反映了当时联邦德国成千上万华人的生活。几乎每一位在20世纪80年代到联邦德国的华人，差不多都有这么一段岁月。他们开餐馆、做招待、打零工，在各种各样的工厂加班；他们吃苦耐劳，从不肯轻易休一天假，生活都很朴素，甚至很艰苦，却始终保持乐观积极。他们知道，生活的精彩就在前方，而这种精彩需要通过努力才能获得。在成千上万华人身上，中华民族坚韧、温和、友善、进取的品质得到了接近完美的体现。

相比这些同胞，陈茫身上还有独特之处。他敏于观察，擅长从周围的环境中获得信息，并得出相应的判断。这一点，将会是帮助他脱颖而出的关键。

在工作几个月之后，陈茫发现宾馆的生意蒸蒸日上，客满无房的时候越来越多。有人简单总结说，这多亏贸易中心的推荐，但陈茫却清楚事实并非如此。

他通过和客人的谈话得知，那些曾在这里住过的客人，在回国后常常会向同事和朋友描述北方宾馆，于是新一批客人又慕名而来。

然而陈茫所知并不限于此，通过交谈，他还找到另一个原因。北方宾馆门庭若市，更多得益于国内兴起的考察潮。改革开放的中国急于看世界，在工商业、科技、交通等诸多领域成就斐然的联邦德国，是政府和国有企业重要的考察目的地之一。

陈茫从国内出来的时间还不长，清楚地知道中国与发达国家之间的差距，也知道政府对于改革与发展的迫切愿望，在80年代的中国，这是一个被称为“四个现代化”的目标。因此，他得出一个初步判断，未来，中国公务旅行团的数量会更多，中国和德国，乃至与欧洲的交往都将会更频繁。

陈茫本能地把这股潮流视为一个机会。按照他的习惯，既然是机会，那么就决不应该放过。虽然他现在只是一名普通的前台，却从未把关于事业的想法抛到脑后，他还惦记着耀华旅行社那桩现成的生意。在北方宾馆，他还遇到过之前向他订票的顾客，他们还愿意继续向他寻求帮助。

经过深思熟虑，陈茫向李福全提出了自己的建议：北方宾馆应该开一家旅行社，从机票代理业务开始起步，一步步地做一家真正的旅行社。这个主意得到了李福全的赞同。北方旅行社就开设在北方宾馆里，在领回执照的当天，陈茫对李福全说：

“这个生意一定会非常好。”

陈茫说的没错，北方宾馆在汉堡的华人圈里名气响亮，这里的客源要比耀华充足得多，许多人都成了北方旅行社的客户。很快，不仅是汉堡市区，就连一些周边城市的人也开始打电话过来了。

每天，陈茫和其他几名员工会为那些上门或打电话过来的顾客服务。他们详细记下顾客的需求，包括目的地、出发时间、航空公司和舱位等级；然后再打电话给航空公司，把票订好，取回，等顾客前来取票或是送票上门。

机票这门生意的利润不错。陈茫发现，就算是航空公司的职员，也很难当即、准确地报出一张从法兰克福或是西柏林到北京的机票价格。因为时间、油价和上座率的关系，机票的价格会经常浮动，每一家代理票务的旅行社都有自己的报价，而顾客并不清楚。因此，北方旅行社可以适当地在每一张票上加几十马克的利润，没什么人在意这一点。况且，能顺利订上机票，对那些不会德语的人本身就是帮助，他们都乐意付手续费作为对旅行社的酬劳。

在迎来 1989 年后，北方旅行社扩展了它的服务内容，因为一切皆如陈茫所料。来自各个系统的中国官员，带着考察、参观、展览、培训等各式各样的目的来到欧洲，他们热切地渴望来这里一探究竟。当他们来到联邦德国，看到繁华富庶的城市、商店里琳琅满目的商品；看到宽阔平坦的高速公路，便利的人工运河、航道与码头穿越贯通欧洲大陆；看到众多工艺精湛、不惜工本的建筑；看到当地人在土地上大面积地精耕细作，以完美的培育技艺种植优良作物；看到联邦德国精良的制造业，水平远远超过中国甚至苏联；看到这里宏大完善的公共与私人慈善事业，是怎样让每一位公民尽量活得富足而有尊严。

这些人类的成就令中国官员惊叹，让他们认真思考究竟是什么原因能够让一个国家在“二战”的废墟中迅速崛起，建起一个如此庞大的社会构造。许多官员和企业管理者很快变得务实，他们新奇地关注从港口建设到奶牛养殖的一切信息，关注从技术引进到合资办厂的商业机会；同时，他们也随身带着中国的农产品和工艺品，希望在这里找到市场。

相应地，公务旅行团对于北方旅行社的要求也增加了。除了食宿，北方旅行社也开始帮助他们联系展览场地，联系德国企业的考察邀请函，联系参观场所。大批局级，甚至部级官员，以及一批国有企业的负责人，都成了北方宾馆和北方旅行社的客户。

陈茫现在把全部的精力都投入工作中。他在担任前台的同时负责卖机票，有时也要承担起外联的工作，这让他忙得团团转，但他并不厌倦。耀华旅行社和北方宾馆的两段经历，让他初步接触到了商业的魅力。从发现需求，到寻找顾客，再到交易成功，看着一桩生意像滚雪球一样越滚越大，这些让陈茫饶有兴味。

他与更多的人相识。考察团的客人们在离开德国的时候，许多人会诚挚地对陈茫发出邀请，请他回国时到自己所在的城市一游。凭着好性情与礼貌，他也赢得了航空公司和旅行社票务人员的尊重，与他们成为称兄道弟的朋友。

陈茫的朋友们喜欢他，愿意为他提供各种便利。在这方面有一个很好的例证。这一年的 6 月，陈茫打电话给中国国航的联邦德国分公司，说他想买一张从北京到西柏林的机票。

国航的票务人员记下了这位名叫朱晓惠的乘客的机票信息，并打趣说：“天天都是帮别人订票，什么时候给你自己订一张？”

“这就是给我自己买的呀，朱晓惠是我老婆。”陈茫很认真地答道。

“开什么玩笑，原来是你太太要出来！”电话那边的人差点跳起来。他说：“哥们儿，你听着，这机票就当是给你的优惠，不用付钱了。”

5

1989年6月，朱晓惠到达联邦德国，她在西柏林着陆，陈茫坐火车去接她。两个人上了火车，陈茫等火车开动，才略带自豪地告诉她，他们不用住地下室，因为自己已经租好了一套像样的房子。虽然是和别人合租，但有厨房，有卫生间，有自己的卧室。最令朱晓惠吃惊的是，他们已经有了将近两万马克的积蓄。凭这笔钱，夫妇二人可以安心读书，暂时无须为生活费用发愁。

陈茫带朱晓惠在汉堡只游览了一天。第二天，他又早早起床去上班。直到这时，朱晓惠才知道，从进北方宾馆那天起，陈茫就没舍得给自己放假，昨天是他头一个休息日。

在北方宾馆继续工作了一段时间，陈茫决定离开汉堡。在这段日子里，他在黑森州的小城吉森申请了一所大学的入学许可，读企业管理专业，朱晓惠则申请了语言班学习德语。就眼下而言，这是个现实的选择，读书可以帮助他们获得大学成绩单，对于申请延长居留期至关重要。于是，在这一年的初秋，陈茫向李福全辞了职。他和朱晓惠前往吉森，准备开始他们的求学生涯。

吉森是德国著名的大学城，拥有众多著名院校。在那里，陈茫和朱晓惠度过了一段纯粹的学生时光。他们每天早上一起乘公共汽车去学校，然后分开上课。不过，几天之后，朱晓惠就发现了一件事：陈茫每天似乎有上不完的课，而这些课似乎不在他的专业内。这让朱晓惠觉得奇怪。

“你怎么会去上法律系的课？”朱晓惠问自己的丈夫，“这不是你的专业呀，考试又不考。”

“多学点东西呗。”陈茫轻轻松松地回答说，“听听总有好处，反正时间闲着也是浪费。”

陈茫把自己的时间安排得满满当当，从神学、法律到历史、艺术，都在他的旁听内容里。他上起课来就像个懵懂少年，不仅在课堂上积极提问发言，课后还去参加各种讨论会。他常清晨出发，至日落方归。

除了学校的课程，陈茫还报名去学驾驶。他认为这是用得着的技能。“等我学会开车，咱们出门就方便了。”他常对朱晓惠说，“到时候，咱们买辆好点的车，结实一点的。”

“嗯，省得车坏了你修，对吗？”朱晓惠说。这句话让两人一起笑了起来。

有了朱晓惠的陪伴，陈茫的生活状况有了很大改善。他们租下了一间房子，这样就可以自己动手做些中国饭菜。吉森的风景优美，拉恩河穿城而过，即使头顶天色阴沉，小城也一样色彩斑斓，明丽畅快。他们会在周末漫步城中，跳蚤市场、小餐馆，或是杂货店，他们把可逛的地方逛了个遍。

有一天，陈茫清早出去散步，等他回来时，朱晓惠发现他手里多了几个苹果。“从哪儿买的？怎么连个袋子也不给你？”

“这是我捡的。”陈茫一脸兴奋地说，“我发现路边有苹果树，果子掉在地上没人要。我带你去捡苹果，咱们回来做果酱。”

无须多言，这是一段轻松快乐的时光。陈茫热情四射，朱晓惠乐观豁达，这样的两个人在一起，最不缺少的就是笑声。考虑到他们新婚不久就分别，这几乎可以算作他们的蜜月之旅。

这样的时光持续了半年多，直到第二年陈茫返回汉堡，那里有一份工作在等待他。

这份工作依然来自李福全。他发现蘑菇这种食物在联邦德国颇受欢迎，就与三家股东合资开办了一家蘑菇种植场，国内的股东为蘑菇场派来了 10 名技工，但他们还缺销售人员。陈茫在北方宾馆的能力，让李福全对他印象极佳，他决定向陈茫发出邀请。

陈茫做了一个选择，他放弃了求学之路。在他看来，学习并不是人生目的，只是成长的众多手段之一。吸引他接受工作的另一个原因是，蘑菇场的一位股东愿意帮助他获得工作签证，况且，他和朱晓惠也需要收入。

蘑菇场在距离汉堡市中心20多公里外，那里原本是一家花卉公司的苗圃，股东们把它买了下来。陈茫看到，这里有11 000平方米的玻璃房、现成的遮阳和加湿设备，正在用中国技术生产平菇和香菇。这两种寻常的中国蘑菇居然很合德国人的口味，一公斤蘑菇可以卖出十几马克的好价钱。

陈茫开始了新工作，他的一部分工作内容是为蘑菇场做推销。他采用的办法直接有效，那就是找来一本电话号码簿，在上面寻找超市、餐馆，以及任何一个有可能买蘑菇的地方，然后逐家打电话过去询问。另一部分工作是负责照看中国来的工人。工人们不懂德语，在周末，陈茫会带他们出去采购、兜风，为他们做翻译。他们白天一起工作，一起吃饭，很快就成为兄弟。

联邦德国人似乎对平菇格外钟情，再加上推销的作用，销路不断扩大，从北部的汉堡到南部的斯图加特、慕尼黑，都有订购蘑菇的客户。这给陈茫带来了新的活计，他的驾照派上了用场。蘑菇场有一辆小货车，陈茫就开着它，从北到南地给客户送货。

每天清晨，有时是傍晚，工人们会把蘑菇摘好、装箱，按照订单装到车上，接下来的事就归陈茫负责。他开着车，沿着贯穿德国的7号高速公路一路南行，到了下萨克森州或是黑森州的某个城市，找到一家亚洲超市，或者是一家餐馆，卸下几箱蘑菇，拿上签收单再上路。这条路线有时会一直延伸到巴伐利亚州南部，再向前开就是德国和瑞士的边境，单程就至少长达800公里。

对于坐惯了办公室的人来说，偶尔来上一次这样的公路之旅，或许是一次不错的体验，大可以看看风景，听听音乐，路边的树丛里还有一闪而过的鹿和野兔，就像美国六七十年代的公路电影那样。但陈茫显然不会同意这样的看法。蘑菇是鲜货，必须尽早送到，不然就会脱水而失了分量，因此他每一两天就要跑一趟。如果一个人把7号高速公路沿途的每一座加油站都记熟后，还能保持游山玩水的惬意，那才真叫奇怪。

在学校放假的时候，朱晓惠陪陈茫一起送货。她发现这是个真正的苦差事。他们常开夜车，一路奔波，把蘑菇卸空后，再开车返回汉堡。当然，他们也会迷路，这时，夫妇二人就买来地图，边研究边走，就像是一条帆船的船长和导航员。他们有时会带饭，用餐盒装着在路上吃。你大概能想到他们吃得最多的食物是什么，总之在多年之后，不论电视上谈论蘑菇的营养价值如何高，陈茫家的餐桌上再没出现过它的身影。

6

对德意志民族而言，1990年的新年与往年意义不同。在这一年的10月，随着柏林墙的倒塌，分裂了45年的两德重新融为一个国家。尽管对于两德的人来说，统一意味着不同的含义，但人们都认为，这是展开崭新生活的开始。

对于陈茫，12月31日这一天既平常，又有所不同。那一天，他和往常一样为蘑菇场送货，最后的客户是慕尼黑的一家超市。他知道，当他今天的工作结束，他就会开着小货车到吉森，与朱晓惠团聚，共同度过属于他们的新年。

不过，他从慕尼黑出发得晚了些。发动货车的时候，陈茫在心里盘算了一下路程，他知道留给自己的时间不多。这让陈茫心生焦虑，他期待着能赶在新年到来之前赶到吉森，这不算一个约定，但他却极其希望如愿以偿。他在货车的后厢里放了一挂鞭炮，这是他带给朱晓惠的。陈茫知道这会令她感到温馨。对辞去大学教师、与他在异国他乡共历艰难，又时刻带给他慰藉的朱晓惠来说，物质的安稳感倒在其次，能够在一个小小的家庭内共同听着鞭炮声，过一个中国式的新年，这才是最好的礼物。

想到这里，他提高了车速。在过去的几个月里，他数十次穿越黑夜，黑夜虽然孤独、单调，却从未像今天一样漫长，不可忍耐。他看了看手表，留给他的时间只剩不到一个小时了，这让他感到格外急不可耐。

陈茫平时习惯开快车。这时候，他把货车开得如同战车，车子在发动机的震动下微微颤抖。黑夜的空气被撕裂，假如打开车窗，准能听到风声，就像有一长列火车擦身而过。

黑漆漆的公路上，只有这么一辆车在飞驰。陈茫的心在怦怦直跳，他对这条路再熟悉不过，但现在却感觉通往吉森的岔路口遥不可及，难以抵达；但他又觉得下一秒钟就可以减速、刹车，看到朱晓惠的笑容。

有那么一瞬间，他觉得空气都要凝滞了。忽然，他听到了一声钟响，接着又是一声、两声……

这声音让陈茫心里骤然一紧，货车逐渐慢下来。他在心里数着，那似乎是新年钟声。等他数完，确定那是 12 记钟响时，货车已经停了下来。

对于一个等待与亲人团聚的人来说，这是世界上最忧伤的声音。

陈茫打开尾灯，把车子停在路边，点燃了一支烟，吸了一大口，又坐在车里默默把烟抽完。之后他跳下车，高速公路上空荡无人，四周漆黑寂静，他记得附近是一些村庄。他想着，这会儿，有壁炉的人家一定会坐在炉火前吧。

忽然间，他看见远方似乎有雾气包裹着大地，泛着乳白色的光，有一种不可穿越的透明感。

“这真奇怪。”陈茫念叨了一句。

他很快就明白了这光的来源，那是烟火。

一朵朵烟火平地而起，升腾至半空，然后毫无悬念地炸开，光芒绚烂，轻烟围绕着光芒，柔和了它们的色彩，让它们有了奇异的魅力。陈茫看着烟火在远处村落忽明忽暗，绽放寂灭，持续不断。

陈茫掏出烟盒里最后一支烟，点燃却并没有抽。他从车厢里拿出那挂鞭炮，把它挂在高速公路的围栏上，用烟点燃了引线。

鞭炮闪耀着明亮的火花，紧接着砰然炸响。寒风之中，陈茫吸着烟，静听着鞭炮的声音。他在少年时代放过数不清的鞭炮，却从未觉得哪一次的声音这样清晰，热泪从他的黑眼睛里滚滚流下。

陈茫登上货车，重新发动，继续向吉森的方向驶去，那里有等待他的人。

灯光照亮前路，就像千万德国人，以及更多远在东方的中国人所盼望的那样，未来不再是贫瘠的，而是光明的，充满希望的。

第三章

这是1992年的一个夏日，陈茫早早起床。他很快地穿戴整齐，身上那件白衬衫让他显得干净利落。今天外面风暖天蓝，树木还没有褪尽春天的柔嫩绿意，真是一个适合出门的好天气。

朱晓惠这时也准备出门，她现在也来到了汉堡，在一家公司做财务人员。她看着陈茫问道："今天打算带他们去哪儿？"

走到门口的陈茫回答说："他们只有一天时间，我们就在汉堡转转。"

"他们"指的是一家中国企业的商务考察团。几天前，陈茫接到一个电话，是一位在政府工作的朋友打来的。他在德国时，曾在北方宾馆住过一段时间，知道陈茫是个办事稳妥的人，由其照料考察团在德国的行程不会有错。

陈茫答应帮忙。在考察团的德国之行里，他为他们安排餐饮住宿、租汽车、预约要参观的工厂，还为他们担任翻译。这些事情琐碎繁杂，费心劳神，但陈茫把一整套事情做下来，却非常顺手，没遇到大的波折。考察团的客人们顺顺当当地完成了公务，他们对陈茫的安排非常满意。

一天中午，考察团结束了公务部分，陈茫陪着全团一起吃午饭。在饭桌上，考察团领队，也是这家企业的总经理提出了一个想法，他对陈茫说，团员们都是第一次到德国，是否能请陈茫陪同在汉堡转一转，看看这座城市的风光。

在陈茫的陪同下，考察团度过了美好的一天，陈茫尽量让客人们不虚此行。他们游览了汉堡的市政厅、少女堤、圣米歇尔大教堂，以及停泊在海边的“瑞克莫·瑞克莫斯”号帆船。好天气、异国风情，再加上陈茫那无可挑剔的解说，客人们尽兴而归。

不久，陈茫接到了考察团的电话，他们向陈茫致以由衷的谢意。

2

1992 年，陈茫的生活发生了一些变故。因为股权上有纠纷，蘑菇场不得不关门倒闭。当然，也有让他高兴的地方，他发现自己那个预测变成了事实——来欧洲的中国人确实越来越多。

过去的一年里，每隔一段时间，国内就有电话打来，一般都是陈茫那些在北方宾馆结识的朋友。他们打电话来，往往为了某个即将赴德的公务团托陈茫提供帮助，从安排食宿到预约参观，有时还代办邀请函。

人人都承认，陈茫把接待工作做得很好。他不负所托，把行程料理得清清楚楚，无论是公务环节，还是游览观光。但这几次接待，对陈茫来说很不平常，他意识到自己承担的职责，其实正是旅行社的地接服务。

这让他开始重新考虑开一家旅行社的想法。如果说，早些时候，他这么想只是因为职业上的亲近，那现在不一样了，细想起来，陈茫发现了许多有利条件，他认为未来要发生的事情，足以成就一门生意。

公务团人生地不熟，需要地接服务，陈茫对地接服务的生意基础非常肯定。在这几年的观察中，他还发现，公务团的需求不难满足，其中绝大多数人是第一次出国，又是公干，在物质条件上的要求其实很有限。对于游览景点，客人们表现得也很宽容，有时即便是普通的欧洲民居，也让他们觉得新鲜。让陈茫印象深刻的是，90 年代初派出国的公务团成员，不是政府官员，就是国企干部和知识分子，他们是国内受教育程度最高的一群人，相对更容易打交道。

当然，陈茫也有犹豫之处。出国潮能持续多久呢？这是个大问题。他的办法是从公务团那边找答案。

公务团成员的社会地位，让他们有机会看到更多的信息。透过这些人的眼睛，陈茫了解到国内的潮流所向。1992 年，邓小平南下深圳，推动中国开始了又一轮经济发展大潮。国内一日千里，春天还是野草丛生的空地，秋天就变成合资企业的厂房。在沿海，民营企业一片一片地冒出来。

在陪团时，陈茫一边闲谈，一边注意着客人们谈话的细节以及那些隐含的意思。他发现，在谈论个体户和民营企业时，官员们的口气里再也没有矜持和轻视；来自国企的客人们更开放，他们还会用赞许的口吻谈论民营企业，认为这些同行了不起。

到年底，陈茫了解到的已经足够多了。这些看似与旅行社生意不相干的信息，让陈茫坚信，中国绝不是暂时的繁荣，而是一个大国终于觉醒了。他马上联想到，在过去的几十年里，中国一直向苏联学习，现在转向发达国家。那么，欧洲将会是一个长期的榜样。而自豪感则使他相信，欧洲今天的成就，将会出现在未来的中国。这意味着中国人将会富裕，将会源源不断地来欧洲，只为一游，恰如当年国旅接待过的那些外宾。

对于未来，陈茫信心十足。在为自己的旅行社谋划时，他认为，代购机票完全是一桩现成的好生意。

比起初到联邦德国那会儿，现在代购机票这桩生意的市场变大了。更多的中国公司开始在汉堡以及其他德国城市设立办事处，派人常驻，以便寻找交易和合作的机会。来德国的华人也变多了，他们开餐馆、做雇员，用双手改变生活。在陈茫看来，他们都是未来的顾客。

陈茫不是一个犹豫不决的人，他很快把这些想法告诉了朱晓惠。“如果咱们不做，也会有人做，那样三五年之后，可能就没咱们什么事了。”他最后说。

听完陈茫的话，朱晓惠想了一会儿。她知道这有些风险，可能会把他们不多的积蓄搭进去，也会很辛苦。不过，她更了解自己的丈夫，知道他追求的是真正的事业。

“我相信付出得多，得到的会更多。”说这话时，朱晓惠的脸上带着一贯的娴静。她停了一下，又微笑着说：“大不了，我们就再去找工作呗。”

3

陈茫将旅行社的名字注册为“caissa”，为了让华人顾客记得住，它的中文名字取作“凯撒”。他在一栋临街的五层楼房里租下一间办公室，然后夫妻俩就搬了进去。

在开张的第一周，陈茫既是老板，又当经理，还要当职员。他联系了在北方宾馆工作时所有打过交道的老客户，挨个打电话过去，告诉他们开业的消息，于是，转眼之间，凯撒的第一批顾客就有了着落。

在陈茫看来，只靠这些关系客户还很不够。机票的单笔利润虽然不错，但也要有数量保证。为了获得尽量多的顾客，他想到了推销。这一次，他不打算用到处发名片的办法。经验告诉他，可以有一种更管用、更有效率的办法，就像渔夫撒网捕鱼那样，一下子捞到一批顾客。

在汉堡生活了几年之后，陈茫很清楚去哪里找这张网，这个地方就是商会。于是，他去了那里，以凯撒旅行社这家新公司的名义申请加入。在成为商会成员之后，陈茫从商会得到了一份表格，那上面列出了全部在德的中国公司，以及那些和中国有业务往来的德国公司。

对着这份表格，陈茫和朱晓惠向这些公司逐家发送传真，包括凯撒的业务内容，还有航空公司的特价票讯。在最开始的几天里，夫妻俩整天待在公司里，除了发传真就是接打电话，直到晚上才回家。

在过去的几年里，陈茫掌握了一套成功交易的窍门，他清楚服务行业成功的关键，那就是尽量让顾客满意。他理解中国人所信奉的"和气生财"，说的其实就是这个道理。在凯撒，他们努力为顾客提供良好的体验，无论是电话咨询还是顾客上门，两人都拿出最大的耐心礼貌接待。陈茫和朱晓惠细致地为顾客解释，并不在意立刻成交，而是尽可能给顾客留下和气的好印象。

"只要把人气聚起来，就有生意。"陈茫这样说，"这在哪儿都一样。"

有一天，一个年轻的小伙子走进办公室，把各家航空公司的票价都打听了一遍，但最后一张票也没订就离开了，可陈茫依然笑容可掬地把他送到楼下。第二天，一位中年女士来到办公室，同样东打听西打听，最后订了张去巴黎的机票。

陈茫当着面为她订了票，没有多收一分钱。

"你们不赚钱？"那位女士怀疑地问道。

“对，您是来凯撒订票的第一位顾客，所以只收票钱。”

“你真是太好了。”那位女士说，“我要去告诉我所有的朋友。”

他们客气地对待每一位上门的顾客。来到凯撒的顾客，不管相识与否，总有一杯很好的茶或咖啡喝；还可以坐下来聊聊天，听陈茫讲个笑话，就像是到了一家经常光顾的俱乐部。

这非常有用，顾客们只需交谈上几句就好感顿生，他们喜欢这对夫妇，相信在这家旅行社买机票可以得到细致体贴的服务，价格也一定是合理的。陈茫和朱晓惠也确实不负顾客所托，他们会根据顾客的需求，在航空公司之间货比三家，尽量为其买到时间合理、价格优惠的机票。有时，也会有意外情况出现，比如顾客突然改变了出行计划，或者是航空公司临时停飞，他们就为顾客想办法，尽量保证顾客的行程不至于耽搁。

陈茫努力在每一个细节上都做到让顾客满意。他和朱晓惠每天在办公室工作十几个小时，因为这样顾客可以随时取票。假如顾客没时间来取，只需一个电话，他们就送票上门。

“不要紧的，反正我们也方便，就当开车兜一圈风。”陈茫这样对他的顾客说。

当一位凯撒的顾客拿到他的机票时，假如他是位细心人，就会发现，机票和发票一起装在一个信封里，既没有半点弯折，也不会有磨损。那是因为陈茫把它们仔细地带在身边，就像对待一张价格不菲的油画。

陈茫相信，用这样的态度来打交道，只需要一次，顾客就会被吸引住。正所谓习惯成自然，人总是会在几个固定的地方买东西，只要顾客对价格、服务和方便程度感到满意，那么交易就会稳定下来，这是人的消费习惯。就此而言，不管是买一块奶酪、吃一顿饭，还是买一张机票，并没有太大不同。

凯撒旅行社服务周到的名声渐渐传开，更多人开始知道这里。办公室里时刻都有人上班，以便接待那些取票、订票和临时更改行程的顾客。如陈茫所料，当凯撒拥有一大群客户时，每个月销售额就变得非常可观。随着时间一点点地过去，虽然每天忙碌到深夜，但陈茫和朱晓惠都很开心，因为他们至少不用再为凯撒的生存担忧了。

4

一个夏日，陈茫正乘火车从汉堡前往罗马，他到意大利去是为了替一个展览团打前站。

几天前，陈茫接到了一个电话，是一位深圳的朋友打给他的。这位朋友在深圳市贸促会工作。贸促会是中国国际贸易促进委员会的简称，是一个半官方组织，在国内各地设有分会，专门帮助国内企业联系各式各样的对外活动。

朋友给陈茫带来一个消息，深圳市贸促会最近组织了一个企业代表团，他们想要到德国参加展览会，在展会结束后，还会去意大利观光旅游。这位朋友认为陈茫办事稳妥，重信守诺，是个靠得住的人，又知道他办起了旅行社，因此想把这个团在境外的接待服务托付给陈茫。

陈茫仔细地记下了代表团的人数、日期和其他信息。这个消息让他感到高兴，因为他的计划终于开始变成现实。陈茫知道这是关键的一步，只要把这个团妥善照顾好，凯撒将会得到更多的业务。可是他也有担忧，因为他从来没去过意大利。

陈茫是资深导游，清楚这里面的深浅。地接服务不简单，它要求导游细致缜密，事事要想在前面。假如一个导游对目的地一无所知，那他是没办法服务好客人的。人在陌生的环境里会紧张，还会犯错误。这种事如果发生在导游身上，客人便一定会花冤枉钱、走冤枉路。因此，他认定，自己必须先去罗马走上一趟。

“不然，我连古罗马竞技场的大门都不知道朝哪边开。”他对朱晓惠说。

陈茫到了罗马，在旅馆里开好房间便急急出门，他要抓紧时间熟悉这座城市。

对于罗马，陈茫的了解来自于阅读，可当他亲身来到这座城市时，他发现书上的知识其实只能算锦上添花的点缀，既不能帮他顺利地找到景点，也不能告诉他景点门票要花多少钱，搞清楚这些必须靠自己去打听、去探访。这让陈茫相信，亲赴此地的决定是正确的。他边走边打听，一路来到热闹的西班牙广场、漂亮的维克多·埃曼纽尔二世纪念堂所在的威尼斯广场，看到纪念堂16根圆柱的弧形里面巨大的青铜雕像。陈茫很清楚，在这样一座纯白色的新古典主义建筑物面前合影，对于国内的客人将是很好的留念。

陈茫又到了“少女喷泉”，看那里排着队、等待向喷泉里投硬币许愿的游人；接下来是圣天使城堡、万神殿和其他一些名胜景点。陈茫并不像普通游客那样闲逛信步，也不是用旅行家的眼光去寻求值得观赏的景物。每到一处，他感兴趣的是门票该如何购买、公共卫生间在哪里找得到，景点与景点之间的交通路线；他也会钻几条小街，但那是为了看看有无特色餐馆；他不只靠眼睛和脑子，还随身带着纸和笔，详细记下每一条可能用得着的信息。他一直工作到暮色沉沉才返回旅店休息。

连着两天，陈茫都在罗马东奔西走，为展览团考察酒店、饭馆和交通信息，规划景点路线。陈茫心里有个打算，他希望在有限的时间里，尽量带客人去那些值得一逛的地方。他认真地记着每处景点的迷人之处。为了把这件事做好，他费了很多心思，就像一个青年要带他的女友约会一样用心琢磨。当他离开这座城市时，他已经设计好了一条完整的旅行路线，而且只靠一个人，这令陈茫感到非常满意。

带着工作成果，陈茫回到汉堡。接下来，他开始为展览团申请邀请函，联系展览场地，帮他们订妥酒店、租好车辆。展览团如期而至，他们先是按照计划在德国参加展览会，顺利地完成公务，接下来便开始了意大利之旅。

客人们的心情很快就放松下来，不仅仅因为结束公务的闲适，也不仅仅因为罗马夏日碧空如洗、片云无遮的好天气，还因为他们和陈茫待在一起。他们发现，陈茫似乎对罗马非常熟悉。在这样一个陌生的城市，他看上去分外自在，脸上丝毫看不出犹豫和迟疑。他熟悉每一处景点的入口与出口，知道公共卫生间该怎么走，就像个土生土长的罗马人轻车熟路地带着客人们在自己长大的街区闲逛。

一位细心的客人发现，每当穿梭在熙熙攘攘的人群中间时，陈茫就会是另外一副样子：他有时会突然回头，把整个团队审视一遍；有时则会驻足张望一番，就像寒风中等待接头的间谍。这位客人弄不明白陈茫在做些什么，直到他按捺不住好奇心。

“这里的治安不太好，我怕有小偷来掏咱们的包。”

说完这句话，陈茫又开始提醒客人们注意安全。在这种时候，他就像变了一个人，不厌其烦地叮嘱大家时刻留神，互相照应。

客人们对陈茫选择的景点很中意，纷纷合影留念。当展览团开始游览时，陈茫开始为大家提供讲解。这是他熟悉的领域，他找回了当年的自己，他的话流利、悦耳、得体，又富有感染力。那些通过阅读得来的有关罗马的知识，与他的讲解技巧结合起来，让每一位客人都觉得有趣，同时又有所得。客人们喜欢陈茫，他们觉得他是一个出色的导游，是个非常有趣的人。

随着旅程的行进，客人们对陈茫的信赖也在加深。他时刻注意不让大家花冤枉钱。这方面的例子不少，最有说服力的一次发生在一家咖啡馆里。陈茫带大家喝咖啡，为每人点好之后，他叮嘱各位，如果只想喝咖啡而不想歇脚，那么站着喝即可，因为他把意大利的规矩打听得很清楚，坐着喝咖啡会更贵。

在这一次罗马之旅中，陈茫为展览团准备了一份惊喜。在一天下午晚些时候，气温降了下来，正午时分的炽热已逐渐退去，他带客人们来到了古罗马圆形竞技场。此时的天空泛着红酒般的深红色，竞技场的建筑被夕阳的光芒围裹着，呈现出一层火红，那种强烈的光影对比既复杂又浓烈，夸张得让人无法相信那竟然是自然之色。

“这座竞技场建于公元 72 年，相当于中国的东汉时代……”伴随着陈茫的讲解，客人们的脑海中逐渐浮现出一幅画面，就像是电影一样：在脚下的竞技场，曾经每天都举行祭典仪式、角斗士比赛和人兽搏斗。在某次比赛中，身着铠甲的角斗士出场了，疯狂的观众报以地动山摇的呐喊……这样的场景，即便只是想象，也让人不寒而栗。那种朦胧的残酷感、角斗士牺牲的壮烈，与竞技场肃杀悲壮的景致一起，让初至此地的客人们感到从未体验过的震撼。很多年后，一位参展团成员回忆说：“那天给我留下的印象非常深刻，回国之后，我常想起那个夕阳下的场景，以至于我后来再到罗马时，专门又去了一次。”

5

从 1993 年的下半年开始，凯撒连续接待了多个公务团，于是陈茫把机票业务交给朱晓惠打理，他自己全身心扑在公务团的接待上。在他看来，机票销售虽然是凯撒旅行社收入的主要来源，但地接服务却对未来更有价值。

到这一年的年底，陈茫在翻看记录本的时候才发现，不到半年时间，凯撒接待了十多个公务团，超过 200 位同胞成为凯撒的顾客。

这些数字让陈茫感到高兴。这确实值得高兴，因为这十多个团的接待，完全是陈茫单枪匹马完成的。

假如一个人不清楚旅游行业的内情，那势必无法准确体会陈茫的感觉。为了接待一个公务团，地接旅行社的准备工作开始得很早。在搞清人数、日期和预算这些信息后，旅行社就要着手准备，从衣食住行、联系公务，一直到安排旅游观光。

在欧洲那些有一定规模的旅行社里，这些工作会被层层分派，员工们各司其职，兵分数路，把一个旅行团所需要的资源分门别类地处理妥当。但1993年的凯撒显然没有这么多的人力，陈茫凡事必须靠自己。

根据公务团出国的目的，陈茫要去拜访商会、领事馆、工厂、公司总部，或者是工业博览会和政府等不同场所。他到这些地方，为公务团申请邀请函，保证公务团顺利成行；有时也要想办法，安排公务团的参观、走访、会晤、培训以及展览场地。

这些工作并不总是很顺利，有时会坐冷板凳，甚至吃闭门羹，一旦遇上，就都是棘手的情况。陈茫一开始同样弄不清楚该如何处理，但他总是保持着礼貌，巧妙地拿捏着分寸。他像个德国人一样思考，寻找一切愿意帮忙的人，务必保证公务团的客人们有所收获，不枉此行。

除了这些，还有生活接待。陈茫在这方面花的心思更多，这除了涉及客人的感受，还直接关系到旅行社的利润。他根据公务团每天的预算，为客人们预订机票和酒店、租车、雇司机、安排伙食。陈茫有一条原则，就是让客人觉得物超所值。这并不是说，客人花1马克，就给他3马克的东西，而是在能够运作的范围内，尽量提供最好服务。

这条原则听着容易，做起来却很难。要做到这一点，就要到实地去货比三家。在细节上，陈茫从未马虎过。他寻找那些位置合适、房间舒适、价钱合理的酒店，还有那些饭菜可口的餐馆、状况良好的汽车、好打交道的司机，他把这些都记下来，列入凯撒的合作名单。

当然，还有为旅游观光做的准备，这同样需要实地考察。陈茫去了许多景点名胜，并把它们设计成合理的行程。除此之外，他还是凯撒唯一的导游，每当公务团到来，他都要全程陪同，一走就是半个月。

要是让此时的陈茫谈一谈辛苦的问题，他肯定会一笑置之。但在旁人看来，这样的工作量确实令人敬佩。陈茫却毫不在意，他自己的说法是，创业理应如此，况且，真正忙碌的日子还在后面。

6

1994年，由凯撒接待的公务团数量在稳定地增长，每月至少有两个甚至三个公务团到来。陈茫把全部周末都搭了进去。即使不用陪团，他也很少闲下来。从这一年开始，陈茫开始惦记旅行社在资源上的积累，酒店、餐馆、司机……在他看来，这些资源就是一家地接社接待能力的根本，也是地接社利润的决定因素。

正因为如此，在这一年里，他把一大部分精力都花在这上面，而不去计较辛劳。

一个周末，陈茫独自一人去一家酒店探访。那家酒店在汉堡有些年头了。他走进大堂，先是环视了一圈，发现光线很不错。他注意到前台是个脸色红红的年轻人，一头金发，穿着黑西装。

陈茫向前台走了过去，用北德口音打着招呼。他主动问起了酒店的情况——价钱、房间数、早餐、浴室、暖气和其他的服务。前台的回答听上去不错，可陈茫认为这还不够，他不放心，觉得只有进房间一睹真容才稳妥。在进门时，他注意到前台连打了几个呵欠，于是他问道：“这活儿很辛苦，对不对？”

“绝对是苦差事。”前台马上答道，这是他最爱发的牢骚。于是，两人交流了一下如何打发熬夜时间的办法。趁着这个机会，陈茫提出了要求。

当陈茫由新朋友陪着走进一间客房时，他发现这个房间不大，但可称得上非常整洁，清洁得没有一点灰尘。从窗户望出去是一片绿地，窗子配有厚厚的帷幕和薄蕾丝窗帘，油松木的老式家具漆得锃亮，壁纸上绘着松叶图案，墙上挂着石印风景油画，桌上有一束花，整个房间散发出一种说不出的怀旧气息。

房间的环境让陈茫感到心情很愉悦。他用手量了一下床的尺寸，这是张宽敞的床，洁白的寝具整齐地铺叠在上面。在得到允许后，陈茫坐在床上，那种质感让人放松。接着他走进浴室，那里有一个带着四条老虎腿的旧式浴缸，也可以淋浴。他俯下身，向浴缸里张望，看不到残留的头发，陈茫在心里暗暗称许，这意味着酒店的清洁工相当称职。

“这里不错，应该可以经常安排客人住在这里。”他想着。他回到大堂，结束了这次对酒店的实地考察。

和那位常值夜班的前台一样，在德国，许多酒店服务员和餐厅经理都见过这位礼貌的中国人。他之所以要花这么大的力气考察，原因都在于他对未来的判断。

在对客人的观察中，陈茫发现了一些新状况。国人虽然在用公务团的名义出国，却基本都在行程里留出了旅游时间。有人说，相当一部分公务团就是为了旅游才出国，陈茫同意这个看法。如果不是这样，就没有别的原因能说明，为什么公务行程在变短，而观光旅游的时间却越来越长。

这方面的现象愈发明显。有一次，陈茫接待了一家公司组织的考察团，据说它的目标是在德国寻找合作项目。可陈茫发现，考察团只参观了两个工厂。另外一次，考察团的领队干脆坦诚相告：大家辛苦了一年，要找个名目出国玩一次，作为公司给优秀职员的奖励。

在陪团的时候，陈茫留心观察，看出同胞们其实很喜欢在国外旅游，每一个团的客人都兴高采烈。有时有人表达一些不满，不过都是因为嫌时间太短，没能玩得尽兴。

这些迹象让陈茫的感觉日益强烈，那就是出国游将在中国兴起，目前的公务名义，只不过是受政策限制的权宜之计。在陪团的时候，他试着和客人们交流这些想法。不过，他得到的答案并不一致，有人表示赞同，另一些人则认为中国人刚填饱肚子，没有出国旅游的消费能力。

这一年的年底，陈茫陪团去柏林。那是一个由贸促会组织的企业考察团，团里有若干位工厂主和贸易商。通过交谈，他确切地知道，国内的富人群体已经不可小觑，超过百万资产的大有人在。陈茫仔细打听过他们的生意，再对照这一次欧洲之行的花费，他发现，中国的新富阶层，完全可以负担得起出境游的花费。

等到他回来时，已经对自己的判断不再有任何疑问。在国内，出国已是富裕人群的时髦之举。这说明，只要中国的经济还在增长，有出境游需求的中国人就会越来越多。他相信，这股潮流不来则已，来则惊人。

这个想法左右着凯撒下一步的行动。陈茫不再迟疑，他开始招募新员工。在此后的大半年时间里，陈茫更为细致地在西欧数国考察景点，去和租车行谈价钱，找酒店、饭馆商量合作，包括优惠价格、更方便的结算方法。他们把这些资源加以整理，按价格、位置分出类别，再加以组合，变成若干条固定的游览线路。

在陈茫看来，这项工作永无尽头。他后来在和别人谈话时说："在这方面，地接旅行社准备得越充足，接待客人时就越是胸有成竹。就像抓了一手好牌，无论怎么打，都应对自如。"

7

这一年的年底，陈茫做了一件事，他把凯撒在这一年的接团名单列了出来，结果用掉了好几页纸。回想起来，因为这些公务团，陈茫花掉了自己这一年里绝大多数的时间。这时他已经非常清楚，只凭自己的力量，已经无法打理一家地接社如此多的事务。何况，未来还会有更多的事。

为了承担公务团的接待，陈茫一直在华人圈里物色导游。他的要求并不低，包括语言水平、知识面和欧洲地理风物，他坚持要选那些素质最好的。除此之外，他还有一些看不见的标准，比如他格外看重导游的责任心。他打定主意，只有那些愿意为客人考虑的人，才有资格与凯撒合作下去。

这一年里，陈茫一边陪团，一边注意着这些业务背后隐含的关系。他逐渐发现，凯撒接待的公务团之所以稳定地增加，一部分是因为朋友们的推荐，比如贸促会和其他一些政府部门；另一部分是口口相传，在体验过服务后，许多客人成了凯撒的义务宣传员，主动把这家欧洲的华人旅行社介绍给其他人。

在归纳出这个结论后不久，陈茫产生了一个打算，他希望凯撒可以更主动一点，比如说，某个机关单位有出国计划，那么是不是可以主动上门，去把这个客户敲定下来呢？他反复考虑着这件事，后来他发现，有不少外国企业已经开始在北京设立自己的业务代表处了。

于是陈茫想到，如果凯撒在国内也设立一个代表处，那会方便得多。它可以成为凯撒的业务入口，凡是有出国计划的单位，无论它们是否知道凯撒，代表处都可以马上和客户直接联系，不必再兜一个大圈子。

陈茫认为这个想法很不错，但新的难题又冒了出来。到哪里去找一个合适的人来负责代表处呢？在未来的日子里，这个人将要独当一面，并且要尽心尽力，这样的人可不好找。谁会是这个人呢？

最后，他在心里确定了一个名字，当他想到这个名字时，那种因为找到答案所带来的愉快感，只有他自己才能体会。

第四章

陈茫一直叫他“小兵”，这是哥哥对弟弟的爱称。陈小兵并不高大魁梧，可他一旦挺直腰板或者握紧拳头，人人都会觉得他是个斗志昂扬的武士。当陈茫走过北京机场的抵达通道，看到站在接机大厅里的陈小兵时，陈茫想：“这绝对是独当一面的最佳人选。”

陈小兵比陈茫年轻 10 岁，陈茫出国时，他还是个英语专业的学生。大学毕业后，小兵去了深圳，进了一家政府机关报社，他在那里的办公室工作，替报社打理各种杂务。

很多人把 1992 年的深圳想象成创业乐园，但它也是个拥挤、嘈杂又混乱的城市。热得过分的天气，还有从全国各地涌来的人，白天到处打探消息，准备找机会大赚一笔，晚上则去凑各种庸俗的热闹。小兵不喜欢这种氛围，而工作给他的感觉更糟糕。单位里只有两种人，官员和写文章的，他不属于这两类人，扪心自问，也对这两种生活毫无兴趣。

报社办公室里充斥着各种杂事，即使用当时的标准看，这些事也都很琐碎无聊，日复一日，毫无新意。在那些日子里，陈小兵感觉自己闲得发慌，却又动弹不得，什么也做不成。“我好像把生命卖给报社了。”很多年后谈起自己的经历，他总是这样说。

办公室这个岗位对想做事的人来说，本来是很困难的，但是陈小兵还是做成了一件事。这件事说起来有点偶然，过程大概是，小兵的朋友在市外事部门，他们想要组织一个去俄罗斯考察的公务团，就把这事委托给他。小兵想了想，觉得这事儿很有趣，至少比待在办公室里喝茶看报强多了，于是就兴致勃勃地做了起来。最后完成得很顺利，捎带着还替报社赚了一笔劳务费。

这个结果让报社的领导很意外，他们据此认定陈小兵有经营才能，就把他调到报社下面的一家公司。可小兵这时已经对深圳心生厌倦，兴味索然，认为留在这里毫无前途，最后还是回了北京。

陈小兵在一家国有文化公司找到了新职位。这家公司的一块业务是办展览，既有艺术品，也有普通商品。小兵负责对外联系，把信息传给想参展的客户，比如使馆和外国公司。这份工作不用每天守在办公室，可以经常去展览馆一类的地方出外勤，时间也自由得多。

这种有限的自由，只是暂时缓解了小兵的感受。没过多久，他就觉得束缚依然存在，只是换了形式。在这家公司，凡事都要经过上司和同事，还有无处不在的裙带关系，这些都让他感到不习惯。

“我不喜欢这种环境，”他对家人说，“我不愿意替人打工，我就喜欢自己做点事。”

这样的话从陈小兵嘴里说出来，丝毫不令人吃惊。有人说他似乎永远不需要睡觉，而他也的确睡得不多。他的个子虽然不高，却很结实匀称，走路时脚底下很有力气，每一步都踏得很稳，这些地方都和他哥哥陈茫非常相似。他开口说话时，也会用合适的词来表达想法，但一旦说出口，这话就必然经过深思熟虑，让人很难不相信他的诚恳。在他外貌的背后，对一件事的决断和坚持究竟可以到达什么程度，只有他自己才清楚。

在这个世界上，总有一些人生而有翼，这类人绝不愿一生匍匐前进，形如虫蚁。

在文化公司那一年，陈小兵一直谋划着改变现状。他知道在公司里不太可能，因此只好把目光转向外面。比如，他有一阵子一心想做生意，琢磨过若干可能性，不是自己单干，就是与人合伙，最后他开了一家打字社，替出版商整理书稿。这让他感到自己活得充实了一点。

他甚至还和远在德国的陈茫搭档跑起生意来。当时在德国买中国去欧洲的机票，要比国内购票便宜很多，因此有一些公司会通过凯撒订票，票一到手，陈茫就托回国的人把票带回来。在北京这边，需要有个取票人，于是小兵就成了这个角色。那些日子里，他常在凌晨坐着大巴车去机场取票，多数时候天还没亮。他从“信差”手里拿到票，常常是厚厚一沓，再把票挨个送到客户手里，每张票可以赚几马克的手续费。

总之，他不愿意像一个临近退休的老年人那样，在一个枯燥的差使上打发光阴。正因如此，当陈茫向他谈到代表处的计划时，小兵认为这是件值得一做的事，他们很快就进入了讨论状态。

2

1995 年的年底，陈茫和陈小兵在北京的家中对坐而谈，先是由陈茫讲欧洲的情况，再由小兵提问。小兵组织过公务团，又办过展览，他适应旅游业务的速度令陈茫大为惊讶，于是，他便开始详细地向小兵介绍凯撒是如何运作的。在几个小时之后，小兵对导游的作用、酒店采购、商务签证、提前预订，甚至 12 人公务团所需成本的了解令陈茫大感欣慰。在那几天里，他们的话题大部分集中在业务上。

很快，两兄弟在看法上达成了共识。小兵看得出其中端倪，眼下公民旅游尚未开放，出国只能通过因公出境这条途径，各机关和企事业单位就是有需求的客户。因此他同意陈茫关于代表处的想法——如果在国内有一个收集信息、对接客户的机构，这将对凯撒的业务大有好处。

小兵还有另外一些判断：几年经营下来，陈茫已经在西欧的几个国家布下了一张资源网，而且还把凯撒的品牌扩散到国内，这一点对凯撒格外有利。因为旅游行业刚刚兴起，能完成公务团接待的机构实在太少了，因此有能力的地接旅行社会很容易和顾客成交，并且拿到丰厚的利润。

总之，这些天对小兵来说很不平常。在与陈茫交谈过后，他做了一个对自己、对凯撒都很重要的决定——同意成为凯撒在北京的业务代表。他这个决定做得很干脆，没有迟疑。和陈茫一样，他们都属于那种天生不喜欢受束缚的人，又恰好有一个像样的机会，这一切都是那样顺理成章。

1996 年 1 月，凯撒北京代表处正式成立。从规模上看，这是个很小的机构，在最初的一些日子里，代表处甚至只有陈小兵一个人，小小的办公场地更令人加深了这个印象。但陈茫和陈小兵对此都不在意。他们知道，在这个行业里，排场有多大并不是最关键的。

按照之前的约定，整个业务的操作模式大概是这样：代表处在北京接洽客户，负责组团；公务团到达欧洲后，就由凯撒的队伍负责接待；同时，为了多一些业务和利润，代表处也做机票的销售代理。

出乎很多人意料的是，代表处成立之后，小兵并没有像一个推销员那样四处上门兜售。他待在办公室里，按照和陈茫商量好的计划着手工作。几年下来，陈茫积累了一份关系资源的名单，都是曾经接受过凯撒服务的客户单位，上面有这些单位外事或人事部门负责人的姓名、地址和电话号码。他把这些交给小兵，小兵就挨个打电话过去，向这些客户通报凯撒的状况，顺便打听他们是否有出国计划。

这种点到为止的推销方式，放在任何行业都很奇怪，因为任凭哪家公司都会花大力气来主动推销，可是1996年的出国旅游业务，偏偏就是一个例外。在这个交易里，生意能否成交，并不在于推销力度大小。就拿政府客户来说，想要出国，就必须要有出国计划，还必须得到国家有关部门的批准，以及足够的经费预算。这些事，都不是地接旅行社靠推销能解决的。

因此，小兵表现得很有耐心。他的计划是尽可能多地出现在客户的视野里，并且向他们展示凯撒的能力——完善的行程设计、专业的配套服务（无论是参展还是培训都可以妥善完成）、可靠的因公邀请函，以及包括吃住行在内的各种生活接待服务。这些能力听起来简单，可是它们却缺一不可。陈茫有时会这样评论："少了哪一样，在国外都玩不转。"他的语气很轻松，可说的是实情。

在1996年的国内，集这些能力于一身的公司实在少到屈指可数。而每年有出国计划的单位却远多于此，这意味着供不应求。因此在小兵的设想中，让客户看到自己，知道在德国有一家不错的地接旅行社叫"凯撒"，在北京可以随时找到他们的人，这就足够了。剩下的事，就是耐心地等待客户上门。"火候一到，水就会开。"他说。

这一套做法恰到好处。事实是，熟人之间的传播就是那把火。在北京，人和人之间的联系千丝万缕，凯撒的名声在熟人圈里会被当成有价值的信息进行传播。在代表处成立一段时间之后，小兵清楚地发现了这一点——那些客户打来电话，总声称自己是由朋友介绍来的，而他们的朋友不是凯撒曾经的客户，就是曾经同代表处通过电话的人。

小兵和陈茫的设想基本准确，他们唯一没有料到的是，代表处的第一单业务竟会来得那么快。

那一天，小兵在办公室里接起一个电话，是国家某部委的外事部门打来的，工作人员在电话那端告诉小兵，该部委下属的一个司要派一批干部去德国，在那里做一个业务培训，他们听说凯撒可以从事接待服务，于是打电话过来，询问是否可以派人上门洽谈。小兵和他们约定第二天见面，可到了晚上他才想起来，如果一个人要去政府机关谈事情，总要穿得庄重一些。业务来得实在太快，以至于自己连衣服都还没准备好，这让小兵不免有点措手不及。他连忙跑出家门，找了家还没关门的百货商场买了套西装。

3

有些时候，事情发展的速度会出乎预料。有了第一单业务，就会有第二单，业务接二连三，令人目不暇接。对刚刚成立的凯撒北京代表处来说就是这样。

代表处的人手变多了，因为需要接洽更多的客户。办公室里的电话铃声每天都会频繁响起，不是咨询，就是约谈。在这一年里，小兵生活在从未有过的忙碌之中。从政府机关到企业职场，他的足迹遍布北京的政府和企业大楼。市场的情况和他们之前所料分毫不差，出国已成潮流，公务团跨越的领域五花八门，从律师、建筑行业到市政部门。培训、考察，参加行业会议、商业展览，几乎每个行业、每个政府部门都有自己的外事活动计划。

几乎每一次与顾客的接洽，小兵都要经历好几轮接触。先是一般性的意向接触，而后是细致讨论，包括公务团的人数、预算，酒店究竟是三星还是四星，餐食里中西餐的比例，观光环节的路线，等等。接下来，这些信息会被传递到凯撒的汉堡办公室，由那里的计调人员来做更具体的安排。

尽管过程烦琐，但放在更长的时间段来看，北京代表处的业务进展依然称得上极为顺畅，同时还有很高的成交概率。小兵有时去谈一个项目，结束时还会带回另一个。一段时间之后小兵发现，除了需求旺盛之外，还有其他原因。他忙得顾不上与人讨论，却在心里悄悄总结。这是他在工作中学会的办法：前一半脑子忙事务，后一半脑子把主要事实一一陈列在自己面前，看一看它们有没有关联。

他找到了一些很有意思的现象。

首先，顾客提出要求时，无论是提供邀请函还是寻找培训师资，凯撒都有办法解决。其次，不管顾客想要参观汽车厂，还是参观核电站，凯撒都有与之相适应的合作单位。在面对政府客户时，凯撒甚至可以为之匹配对等的德国政府官员，以符合外交礼仪。

这样的表现让顾客满意。凯撒能从各行各业的顾客拿到业务，靠的就是这种完备的能力。这使他更加确定一点：公务团出国是一项定制业务，就像量体裁衣，顾客的需求是随机的，而凯撒就像一个经验丰富的裁缝，可以从容应对顾客的各种要求。

凯撒还有令人放心的操作模式。在当时，国内还有一些从事公务团业务的机构，但基本都没有自己的接待力量。它们通常的做法是先在国内组团，再转包给欧洲的地接旅行社。在与顾客的接洽中，小兵发现常有顾客为此担忧。于是他开诚布公，主动向顾客谈到凯撒的历史，以及北京代表处和德国凯撒的关系，效果出奇的好。

当然，除了这些之外，还有已经开始传播的口碑。客户在欧洲体验过凯撒的服务后，基本都会给出良好的反馈。这种口碑在人与人之间传播，就像是催化剂，帮助凯撒在面对新顾客时事半功倍。

有这些能力作后盾，小兵决心大干一场。他的劲头十足，不知疲倦。在代表处那间小办公室里，灯常亮到夜里 12 点，第二天他又会起个大早跑去接洽客户。此外，一些公务团出发时，他还会亲自去机场送行；回国时，又前往机场接机。

忙碌中的人总会觉得时间飞快。这一年年底的一天，小兵坐在办公室里，无意中翻了一下日历，他感叹说："一低头，一抬头，这一年竟然过去了。"

4

如果问一问陈茫对时间的感受，他的答案大概和小兵差不多。除了公司的日常管理之外，有一些重要的公务团，他也要亲自陪同。但比起这些事务，陈茫更关注那些不易看到的东西。

继北京之后，凯撒又在上海成立了第二个办事处。事实证明了陈茫的先见之明，代表处很快就让凯撒产生了好几个有利的变化：业务运转得更顺畅，和客户的接洽变得更有效率，更主动，业务量也更大。代表处就像是一块磁铁，一下子吸起大把铁钉。公务团源源而来，比从前稳定得多，企业、政府、商会、大学、行业协会……有时一个星期之内，竟有几个团同时到来。

汉堡的办公室里因此发生了一些变化。在那里上班的员工多了起来，除了机票销售部门之外，其他的人都隶属于新成立的公务团接待部。陈茫设立了这个部门，并在此后几年时间里一直扩大它。对每一个新加入的员工，他都有一句必说的话："我们接待顾客，做他们的向导，也做他们的后盾。我们干得不好，顾客就不会满意。"

这不是空话，陈茫说的是实情，是这个部门职责所系。虽然人数不多，但这个部门却掌握着凯撒全部公务团在欧洲的交通、食宿，负责联系公务以及全部行程设计。当奔波在外的公务团遭遇突发状况时，他们还需要为其提供支援，解决导游和领队无法应对的麻烦。

当然，也有头痛的事。在这样的客流面前，首当其冲受到考验的就是凯撒的接待能力。由于要接待的团数量大增，陪团的导游数量不足，有经验、有能力的专业导游更是奇缺。

即使是现有的导游，也有能力的边界。现在公务团跨越的领域越来越多，许多公务活动都涉及行业知识，在翻译中有大量专业词汇，这不是普通导游能胜任的领域。"肯定会出问题。"陈茫说。不出他所料，有一次，一位导游陪客人去参观西门子公司，虽然提前做了功课，可还是不能把"低压变频器"译成准确的德语。

这让陈茫意识到问题所在。经过几年的经营，凯撒已经不再是当年的夫妻店，而是有口碑、有固定客户群的专业地接旅行社了。它经营的不再是单件生意，而是自己的品牌。在当前供不应求的环境下，客户所求不多，并不会在意细节。但这个状态一定不会长期存在。换句话说，顾客在当下的满意度，决定了公司的业务能否在未来持续下去。

这种压力，使得陈茫必须为凯撒物色更为优秀的人选，来解决导游匮乏的难题。当时在德的华人已经不少，但大部分都是一般性的人力资源，不是留学生，就是普通的劳务工。这些人无论从哪方面来说，都达不到导游的要求，没办法立刻上岗。陈茫不愿意降低标准，他决心为凯撒找到真正的专业人士。

在这时，社会上的潮流帮到了凯撒。从20世纪80年代开始，国内兴起了出国热，首光就是涉外旅游工作人员。中国国际旅行社、青年旅行社、中国旅行社，从总社到分社，从全陪导游到地陪导游，国内的专业导游大批出国。这股潮流一直到90年代中期也没有停下来。陈茫不断地听到昔日同事出国的消息，柏林、法兰克福、巴黎、苏黎世、伯尔尼，到处都有。

在陈茫看来，这是一批相当优质的资源。他们中的大多数都接受过高等教育，受过专业的培训。陈茫与其中一些人共过事或者打过交道，知道他们中的许多人曾经是业务老手，无论是专业能力还是职业道德都无可挑剔，让他们作为凯撒的导游来带团，完全可以放心。

因此，陈茫把一大块精力用在这方面，不断地在熟人圈里寻找合适的人选。有的是他过去的同事，有的是同事介绍过来的同行，陈茫在不同的城市与他们见面、谈话，听取他们对业务的看法、态度，对报酬的要求，最后决定是否合作。

在一个秋日的傍晚，陈茫去酒店看望一个公务团。他到那里去有两个目的，首先是听一听顾客的反馈，顺便看看有没有可以改进的地方，这是凯撒最近开始推行的服务跟踪活动。用这个办法，可以观察顾客的满意程度。他的另一个目的，是与陪同这个团的导游见面。（这个导游是临时顶班的，同时也是陈茫在国旅的老同事，他们在德国还没见过面。）等到他走上那座酒店的台阶时，他感到很高兴，因为他很快就要见到故人了。

那座酒店是用褐色的砖石砌的，很好的式样，就在汉堡附近，陈茫曾经来这里实地考察过，最后把它列入凯撒的合作名单。这家酒店有一扇很漂亮的旋转门，但经常只开旁门。陈茫推开门，到了一个圆形的门厅里，在门厅中央有一座举蹄欲纵的马的大理石雕塑。就在他向电梯走去准备上楼时，电梯门打开了，里面出现了一个高大的身影。几秒钟之后，陈茫看到了这个公务团的导游、自己的老同事、前国际旅行社总社导游李京学。

陈茫和李京学都还记得十多年前的事。那时陈茫在北京分社，李京学在总社，他们都是德语导游，有时会共同陪一个旅游团，李京学全程陪同，陈茫负责北京这一站，带着客人一起在北京的各大景点东游西逛。当时大部分讲解是由分社导游负责的，因此一般都是陈茫在讲，李京学在一旁静静地听，从不插嘴。但陈茫心里很清楚，自己这位同事一旦说起话来，同样也是令人赞叹的。

相较之下，作为同事的他觉得李京学的业务能力和职业道德都令人佩服：对旅游的热爱、漂亮的德语、对付突发事件时的稳重，还有他的直脾气，尽管这脾气有时不讨上司喜欢。

这种印象之深，以至于时隔多年陈茫仍记忆犹新。当他们再次相会，用中国人的方式握手致意时，陈茫忍不住想，他依然是当年的李京学，凯撒需要的正是这种导游。

5

李京学是个喜爱旅游的人，他对旅游的情感来自于他的经历。从外国语学院毕业之后，他就没有离开这一行。先是国旅总社的导游，然后在1990年，李京学以留学进修的身份来到德国，在西南部的沃尔姆斯市就读旅游管理学院。一段时间之后，他经人介绍，进了一家德国旅行社。在那里他开始又做领队，专门带德国旅游团前往中国。按照行内的看法，在中国，有一个中国人做领队，要远比德国领队称职得多。

此后几年里，李京学在中国和德国之间多次往返，把旅游团带到中国，再带回德国，有时甚至深入西藏。他做得得心应手，也自得其乐。有空的时候，他会和在德的华人朋友聚会聊天，他隐约听说凯撒的情况，知道陈茫开始接待中国来的公务团，也知道凯撒在北京设了代表处，业务蒸蒸日上，每个月都要接待好几拨公务团。

从1996年的下半年开始，无论是在旅游圈里，还是德国的熟人圈里，李京学开始越来越多地听到凯撒的消息：更多的公务团，外国专家局的培训资质，以及从德国延伸到法国、荷兰、比利时、卢森堡的游览路线。作为一个老资格的业内人士，又在德国旅居多年，李京学看得出来，做到这些殊为不易。单就公务这一条来说，为了保证各行业的公务团都能找到对口单位，凯撒至少要在每个州都有自己的合作资源，更不用说那些生活和游览接待服务了。

这让李京学感到，这家公司的前景不错。正因为如此，当他的朋友、一位临时有事的凯撒导游找到他时，李京学慨然应允，为这位朋友到凯撒临时代班。

丝毫不出陈茫的意料，李京学用自己的专业能力照料着这个团。除了讲解和翻译，他还在安全上格外留神，不时叮嘱客人保管好财物。在过去的几天里，他们彼此相处融洽，从团长到团员，都对这位声音厚重的导游很有好感，并且觉得凯撒完全做到了自己的承诺。

在这个公务团里，感到些许意外的只有李京学。那一天，他带着全团人登上大巴车，前往下一个目的地。当车开起来之后，他发现这辆车的车速很快，却很稳当。李京学觉得这一定是个老道的司机，这一条路线，估计他已经跑过上百次了。

让李京学感到意外的不只是司机。那天中午，李京学按照路线把公务团带到凯撒的定点餐馆，他原本不抱太大期望，结果进门之后发现，这里已经为客人备好了饭菜。他仔细看了下，发现这不是那种只有鸡肉的常规团餐，而是荤素搭配、有凉有热的正宗中餐，每张桌子都是八菜一汤的配备。这样的餐食，在照顾到客人口味的同时，也兼顾进餐效率，显然是与餐馆专门沟通过的。而当这顿饭结束时，他发现并不需要用现金结算，因为在凯撒和这家定点餐馆之间，已经有专用的支付单了。

在李京学这种业内人士看来，这种服务水准确实令人惊讶。在陪团的过程中，李京学用他的专业眼光不断地留神观察。无论在交通方面与司机的配合，还是食宿上的便利与舒适，凯撒都显示出了一家成熟专业地接旅行社的水准，尤其是在当时地接社服务参差不齐的情况下，凯撒已经在把服务标准化，并且开始打磨细节了。这样用心的原因看起来只有一个，凯撒是一家希望在旅游行业长期经营的公司。

李京学并没有对旁人言明自己的感受，但他却用行动做出了选择。在这一次陪团结束后，他与凯撒开始了连续的合作，一年多之后，他成了凯撒第一位领工资的专职导游。

6

1998年的一个晚上，赵欣躺在家里，久久无法入睡。她一直在回想下午的事情——在为一个公务团安排行程的时候，她把听说过的欧洲城市都列了进去，比如那部著名电影里的萨拉热窝。当她把这份行程拿给小兵看时，她生平第一次知道了这世界上竟然还有“申根国家”这一说。

在加入代表处之初，赵欣感到相当不适应。之前作为军工企业的德语翻译，她曾经是个特别自信的人。可现在她发现，自己既不清楚怎么安排行程，也弄不明白公务团在国外需要什么。也就是说，她需要从头学习，才能应对自己的新工作。这让她不禁发起愁来，她该从哪儿学起呢？

赵欣一筹莫展，小兵却有解决办法。这个办法别具一格。他让赵欣把那些公务团的行程安排用电脑记录下来，以便她能尽快熟悉业务。于是，赵欣每天都会认真研究那些欧洲城市，例如巴黎、法兰克福、柏林、布鲁塞尔……与此同时，她开始观察这些城市之间的距离与交通，随后，她对业务的了解又深入到酒店、饭馆与景点。这种学习占满了她的时间，即使在午休时也不例外。只用了几个月，赵欣已经可以制定一份像样的行程安排了。

尽管第一年加入凯撒，但赵欣已经听说，公务团接待这块业务，每年的8月是个阀门，这和国内政府的运行规则有关。每年年底上报的外事计划，大部分会在第二年的上半年得到批准，加上组织人员、办理手续、签证，通常从8月开始，这些公务团陆续成行，这之后的三个月，是一年里政府公务团的接待高峰。

在这段时间里，凯撒的汉堡办公室变得格外忙碌。每个职员守在各自的位置上，处理正常工作和突发事件。电话此起彼伏，飞快地打入打出，英语、汉语和德语交杂，虽然人数不多，但整个办公室里的紧张感，并不亚于某个战时指挥所。

这一年8月的一天，上午10点前，汉堡办公室的员工们坐在原木色的会议桌前，人人手里都拿着自己的工作记事本，上面有一些待解决的事项。

门开了，陈茫走了进来。

“早上好，同事们。”他的声音很柔和，但步伐却很快。

他坐在自己的位子上，然后开始说话：“好吧，我们来看一看，有没有什么麻烦事。这个星期好像有七八个团要过来，大家又有的忙了。”

顺着他的话，员工们开始讲自己所负责的工作，那些将要接待的公务团，那些公务团的特殊要求，还有一大堆从前线返回来的信息：比如有位客人在巴黎丢了护照；原定安排参观的汽车工厂突发故障，无法接待；以及一条最新消息，一个在意大利的公务团刚刚打来电话说，大巴车的空调出了问题，南欧的天气有摄氏 30 多度，客人们正在表示不满……

接下来，陈茫仔细听着解决办法，丢失护照的客人由导游陪着先去警察局报案，再去中国大使馆，在那里他会补办一张回乡证；负责联系工厂的人员，将会再安排一家；只有大巴车的问题相持不下，有人提出可以在当地租一辆新车，但也有人立即表示反对，因为临时订车的价格要高出三四倍。

陈茫坐在他的位置上听着这些事情，直到听到租车的争论时，他突然开口说话："现在就打电话，在当地订一辆。这么热的天，不能等了。这个费用咱们负担。"

于是，在这场会议结束后，凯撒又为自己定了一条新的工作原则：凡是车辆发生问题，必须在两个小时之内解决。这条原则一直延续到现在，从来都没有变过。

7

“陈，我有一个好消息要告诉你。”

有一天，小兵接起办公桌上的电话，结果听见了对面那个兴奋的声音：“陈，使馆刚给我批了一个预算，我这次可以坐头等舱了。”

小兵立刻听出了这位兴奋的先生，他是德国大使馆的二等秘书，在过去两年里，他一直通过陈小兵的代表处订机票。“那真得祝贺你，你可以躺着回柏林了。”小兵用英语回答说。

如果要在陈小兵和陈茫之间找一些共同点，那么，把顾客变成朋友一定是其中一条。在几年时间里，凯撒的公务团业务始终稳定地开花结果，业务量和顾客的满意程度都在提升。陈茫和陈小兵逐渐发现，在国内听说过凯撒的人多了起来，还有不少反复上门的老顾客，其中相当一部分和他俩的关系都非常亲密。

这样的变化让人高兴，因为从籍籍无名，到得到顾客的广泛认可，凯撒用的时间并不长。用枯燥的商业术语来说，凯撒有了自己的品牌效应。

在90年代末，品牌这个概念在国内商业界颇为盛行，也有很多花哨的营销手段。可惜的是，当时很少有经营者会认真考虑品牌的真正含义。多年之后，人们终于明白过来，当一位顾客购买某家公司的产品或服务时，他其实是在表达对这家公司的认可。假如顾客感受良好，那么这种认可就会巩固，通过反复交易，认可还会加强。一旦顾客达到巨大的数量级，他们对公司的认可聚集起来，就是熠熠生辉的公司品牌。

在凯撒最初的几年里，陈茫和陈小兵都是高度的务实主义者，他们没有多少空闲时间去总结品牌理论，却一直默默地沿着这个方向来做事，他们对凯撒的信誉格外重视。兄弟二人都认定，只要可以加强凯撒和顾客之间的信任，那么无论是人员、精力，资金，还是时间，都是值得投入的。

“开公司不能只为了赚钱。”陈茫不止一次对小兵这样说，“要善待顾客，不能骗人，哪怕受点委屈，也要好好对待我们的客人，这一点我们要向欧洲公司学习，多看看人家是怎么做事的。”

在一个参观场合，陈茫得到了两台奔驰汽车的模型，他把其中一个放在自己的办公桌上，旨在提醒自己必须创造同样的卓越，把另外一个托人带给了小兵。小兵一下子就明白了哥哥的用意，他对此深以为然。他同时也很清楚，凯撒在这方面花了多大力气。

他已经多次听说，在汉堡的办公室里，陈茫每周都在向大家唠叨，一定要设身处地为客人着想。

作为一个职业老手，陈茫说这些话的时候，是有相当根据的。在他的眼里，每一个公务团、每一位客人都有不同的需求。而引起顾客不满的往往是一些不起眼的小事，比如同样一个 10 人的公务团，可能因为行李数量不同，接机时就需要用不同的车。而北方地区的人，在夏天的时候，可能对酒店有无空调更加在意。

就算是同等价位的食宿资源，其内涵也千差万别。同样是三星级酒店，但它们所处的位置不同、房间大小不同、床的宽窄不同、寝具的质感不同，给顾客的感受差别就会很大。

因此，陈茫对工作的要求极为严格，为了工作，他有时甚至会发一通脾气。他坚信，在应付了事和悉心安排之间存在着天大的差别，只有在充分了解客人信息和要求的前提下，认真为每一个公务团量身定制，才能保证顾客旅程顺利、感受良好。

在员工们的印象里，陈茫在工作上极度认真谨慎，谨慎到不放过任何微小的细节。一位员工记得，有一次她在给客人邮寄账单时，陈茫悄悄地走过来，为她示范了账单的标准叠法。“这样叠一下，再这样叠一下，客人可以从这里一下子揭开……”

他甚至要求后台员工走到前台去，陈茫坚持要每个员工都经过实地培训，让每个人作为助理导游跟团实习，在不同线路上走过几遍，用自己的眼睛去观察实际情况。“理论是靠不住的。”他对员工们说，“比如说从这儿到那儿所用的时间，绝不是简单地用距离除以车速，实际走起来会有差距。”

实地培训的员工每一次归来，他又会向他们提问：“团队休息的时候客人提了什么要求？用餐时需要更长的时间吗？确定客人对餐食满意吗？”然后把员工们派去再实习一遍。

“一直要等你摸熟了团队的行为模式。”陈茫叮嘱说，“弄清楚这些，就会明白客人真正需要什么，给他们需要的，细致对待客人，他们会为此感到满意。”

汉堡的员工们虽不会亲耳听到顾客的赞赏，但处在他们的岗位上，却能从另外的角度见证结果——凯撒的回头客年年猛增。陈小兵后来总结了这里面的联系：

“你待顾客越好，就越能得到顾客的认可，因为这种认可，他会不停地与你合作，给你介绍生意。凯撒的基础就是这样打下的。”

第五章

“又是一个纯旅游的团？”在汉堡的办公室里，李京学匆匆看完团队信息后问道。

他得到了肯定的答复。当他走出办公室时，这位老导游心里想的是，看来中国人出国旅游的日子，真的到来了。

李京学已经在这个行业里摸爬滚打多年，从国旅的全陪导游，到德国旅行社的领队，一直到现在作为凯撒的公务团导游。这些经历最大的好处就是让他亲眼见证了中国这个国家或者说中国人的变化，而且是从非常近的距离。

导游这个角色，并不完全像字面意义上那样简单。他带着团队穿越异国，必须做到万无一失。这意味着，顾客对他不仅仅是简单的友好和尊重，还有完全的信任。在整个旅游行业里，他是最接近顾客的人。为了尽可能做好工作，不管白天黑夜，他时时刻刻都要知道客人们的状况。也就是说，客人们在很多时候会对他袒露想法，为什么出国，希望去哪里，看些什么，有多少预算，想要买什么东西。所有这些想法，包括顾客的身份、爱好、性格，他都有机会在行程中了解得一清二楚。

在旅游行业里，这些信息帮助他更能看清趋势。比如他发现在过去的两年里，越来越多的团队是纯粹为旅游而来，只是借用了公务团的名义。而之所以这样做，完全是因为对于中国人来说，德国和其他一些欧洲国家还没成为被批准的旅游目的地国家，或者叫“ADS国家”。

旅游行业的从业者都明白，如果拿不到为旅游者颁发的签证，旅行社就无法组织正式的出国旅游团。于是国人只好以公务团的名义，拿着商务签证赴欧旅游。这是业内通用的转圜办法。但是这一类手续实在太繁杂了，其繁杂程度大大超过了一般性的公民证件，而且时间漫长。

无论是来自哪行哪业的顾客，在谈到旅游签证时，都丝毫不避讳他们的抱怨，同时还有对旅游观光的热衷。这让李京学感觉到，中国人大规模出境旅游，可能就是一瞬间的事儿。

“现在就差这道闸了，这也是没办法的事。”

在北京代表处的办公室里，小兵对着电话这样说。电话另一端是一家企业客户，他们正在组织去欧洲的公务团，把这趟旅行作为对销售精英们的奖励。尽管小兵向他们一再承诺，因公邀请函不是问题，凯撒会把一切办妥，但客户还是觉得有些麻烦。

放下电话，小兵不由自主地叹了口气。这样的抱怨，他已经听过了不知多少次。但他还是保持着耐心，一方面是对客户的尊重，另一方面是因为他很清楚，这是无可奈何的现实。

在过去的两年里，小兵和陈茫一直致力于让凯撒走得更快更稳。于是继上海之后，他们又在广州成立了新的代表处，希望通过北上广这三座大城市，接洽尽可能多的客户。然而，凯撒周围的环境发生了一些变化，比如，有一些竞争对手冒了出来，这让顾客有了更多选择。小兵发现，在接洽客户时，其中有些客户会热衷于比价，其结果是价格更低的地接旅行社成功地抢走了一些客户。

对于这种事，小兵和陈茫有自己的应对之策。在欧洲，负责资源采购的员工有了新任务，他们要用凯撒的数量优势，一面巩固与酒店、餐馆和航空公司的合作，一面向它们争取更有优势的价格；而在北京，代表处的员工们在面对客户的时候，更多强调凯撒的长处，努力让顾客在一开始就感受到细致的服务。比如赵欣她们为每一个公务团都制作了专门的服务手册，上面不仅记录了公务团的人数、日程等基础信息，甚至还包括每位团员的饮食偏好这类信息。

那一天，在一个为顾客举办的讲解会上，赵欣不厌其烦地回答了许多问题，最后，有一位顾客站了起来，提问道：“我看行程里一多半都是中餐，为什么要这么安排？”

在过去若干场类似的讲解会上，赵欣已经回答过许多遍这个问题，不过，她仍然耐心地解释道，这样安排的目的是为了避免身体不适，因为中国人的胃口还是更适合中餐。

“我们别把客人当成客人，就当是自己的兄弟姐妹出国。”小兵在办公室里反复说，“用那样的心思为他们做准备，十有八九不会有问题。时间长了，我们的口碑自然会积累下来。”

从代表处创立那天起，小兵就没打算躺在总部的身上过日子，虽然许多外企代表处都在这么做——靠着一个好品牌，从总部拿一个固定的价格，加价销售，然后拿自己的那份利润。在小兵看来，它们不是被总部堵死了进取的道路，就是压根没打算进步，只愿意过安逸日子。

“如果那么干，那咱们还有什么意思？”他对同事们说。

代表处的全体同事都赞成应该过得更辛苦一点，于是，代表处一改等客上门的坐商状态，转而主动出门开拓客户，这让小兵每天回家的时间又延后了一小时。业务员们去各种各样的政府部门和公司，只要有可能有出国需求，他们就会把服务推介出去，即使暂时没有现成的出国计划，也力争留下一个好印象。用小兵的话说，让人记住我们，没有坏处。

即使做到了这些，陈茫和小兵依然觉得还远远不够，应该还有其他办法，可以让凯撒在顾客心里的地位更重一分。

他们找到了一个新目标，在公务团这块业务里，培训是一类主要动机，因此，他们决心合力让凯撒在能力上再上一个台阶。

在欧洲，陈茫建起了一个体系——从加强师资、寻找优秀的翻译、正轨的培训机构，到与这些资源建立合作。小兵则在北京跑动，向国务院主管国外培训事宜的外国专家局提出申请，了解需求，再根据反馈把公司的不足之处告诉陈茫。

这些努力不太容易，但还算顺利，凯撒最终通过了审核，拿到了国家外专局培训渠道的资质，成立了汉堡培训中心。凯撒因之成为国内培训团的指定接待单位，可以为来自中国政府、企业界的代表团提供培训及生活接待服务。来此培训的公务团成员在毕业时可以拿到一份正规的结业证书。

无论是陈茫还是小兵，都更在意真正的趋势，那就是私人出境游这个未来。他们都认为，比起公务团，这才是真正前景广大的市场。市场空间有多大，简直无从估量。

关于这个话题，每隔一段时间，他们就会在电话里讨论一番，从政策到客户，再到国内的情况。从一些消息渠道中他们获知，中德政界高层互访频繁，两国在政治和经济上的互动也越来越密切，从这些迹象看，政策的进一步放开是必然之事，只是无从判断准确时间。而在其他的问题上，两人的看法也趋于一致，中国人越来越富裕，这个国家发展的速度也快得惊人，至于凯撒，只要有足够的能力和足够好的口碑，那么无论政策放开的时间有多晚，凯撒都会是最终的受益者。

“这个问题，就交给时间来解决吧。”陈茫告诉小兵，“现在，我们只要把自己的事做好就行了。”

2

陈小兵和他的业务员们想出了一个创意，他们要为凯撒制作一本宣传手册，把公司简介、产品、服务和出国事项都装进去。在这件事上，大家加班加点，从内容到设计，反反复复讨论了好几个晚上。等到连最挑剔的人都找不出毛病时，他们就找到印刷厂，印了一大批出来。

手册外皮的蓝色是凯撒的公司色，内页则用了最好的铜版纸，还配了不少欧洲风貌的插图，看上去非常精美，惹人喜爱。这种手册并不是独创，不少外企已经开始这样干了。事实证明，这么做是成功的。许多业务员说，有的客户翻这本手册的时候，看得头也不抬。

这本手册让陈茫也感到惊讶，在回国的时候，他拿着手册翻了半天，最后没挑出任何毛病。他对待工作的标准很高，不少人因为工作纰漏被他狠狠批评过。但即使用最严苛的标准评价，也不得不承认，这本手册实在很漂亮。

比起一本手册，让他更感到惊讶的是小兵。他发现，自己的弟弟在几年的时间里已经彻底变了个人，他熟悉业务的每个细节，拥有更敏锐的反应，善于与人打交道。有一次，他们一起去拜访一位客户，那位先生无意中看了一眼手表，小兵立刻问道："您是不是下面还有安排？"

这种变化还体现在鼓舞员工的技巧上。陈茫注意到，只要条件允许，小兵差不多是办公室里每天走得最晚的那个人。最难能可贵的是，竟会有不少人做完自己的事，自愿留下来加班。

当亲眼目睹了代表处这些蒸蒸日上的气象时，陈茫就非常清楚地意识到，虽然小兵只有 30 岁，但他比同龄人要成熟得多。他觉得，自己这个满怀雄心壮志的弟弟，正在成为一个优秀的领导者。如果说自己给了凯撒以生命，那么陈小兵则很可能在未来给予这家公司更多的东西。

于是，在那一次离开北京之前，陈茫告诉小兵一句话，"只要你认为是对的，那就大胆去做，我一定会支持。"

世纪之交的中国，正是国运昌隆之时，加入世界贸易组织的希望巨大，这预示着中国将会更加开放。同时，高速的经济增长，以及大量私营企业的出现，使一大批中国人开始分享成长果实，可以把汽车这种高级工业品毫不犹豫地带回家。小兵据此认为，旅游行业开拓的时机已经到来，可以走得稍快一点，是时候推动一个全新的市场开拓计划了。

和过去完全不同，这一次，凯撒既不靠熟人关系，也没有挨家挨户去敲顾客的门。在小兵的眼里，这些传统套路都不够快。若要让业务成批量增长，办法只有一个，就是像一切批发商那样，把东西成批卖出去。

他的做法是在同业之间展开合作。在这个语境里，同业指的是国内几家国家级的旅行社，以及一些规模稍小，却同样拥有出境资质的旅行社。小兵认为，它们的网络遍布全国，有相当大的客户群。由他们来做凯撒的业务代理商，那真是再合适不过了。

“我们把东西批发给他们，他们再卖给自己的客人。”陈小兵对陈茫说，“这样他们在中间赚一个差价，我们的单笔利润会少一点，但是客人会多得多。”

“咱们可以试试。”陈茫在电话里告诉他，“不过我保证，你，还有你的业务员都会累得半死。”

即使隔着电话，陈茫也能想象到自己的弟弟是什么表情。小兵停顿了一下回答说，“那有什么关系。”

陈茫和小兵都知道，这个计划不可能一下子成功，因为无论是国旅、中旅，还是青旅，都是由一个个省市级旅行社组成的，这些分社在业务上各管一摊，如果要和他们合作，找总社并不会起实际作用，必须到一省一市的分社去逐家谈判。用陈茫的话说，你不可能用一个挂钩，就提起所有绳子。

于是，连同小兵在内，代表处的业务员们开始到河北、河南、山西、山东出差。一开始，他们可以凭借的敲门砖只有一本当地的电话黄页，从那上面，他们查到各个旅行社的电话，然后上门。为了节约经费，有的人甚至连酒店都不住，尽量在火车上补觉。几个月后，当业务员们又一次从各省回到北京时，他们手里已经拿到了第一批合作者的名单。

3

当凯撒将自己的名字变更为“德国凯撒旅游集团”时，北京代表处已经搬了第三次家，更宽敞的办公室容纳了更多的员工，可没人觉得自己轻松了一点。接洽客户、商谈合作、核算财务，与汉堡那边相互配合，为一个又一个旅游团排定行程……整个办公室的灯亮到半夜是常有的事儿。

虽然忙碌不堪，但在代表处的办公室里却听不到抱怨。恰恰相反，同事们气氛友好，办公室里总有笑声传出，连同小兵在内，所有人常聚在一张桌子上吃盒饭。有位顾客评价说，这里就像是一支军队的兵营。

这正是小兵所期盼打造的公司氛围——所有成员亲如一家，在工作时，又能严谨对待公司的业务。和许多人不同，他从不讳言凯撒的性质，“我们就是一家家族企业。”他常常说，“可家族成员并不只有我和陈茫，凡是凯撒的员工都是这个大家庭的一员。”

鉴于大家一直都忙得不可开交，小兵已经不是第一次感到这个大家庭该有新的成员加入了，不为以后，至少也得把眼前的工作都顶上。于是，他在报纸上登了广告，还在招聘会布了展台，希望为代表处招一批新员工。

8 月的一个周六，小兵一大早来到北三环东路的国家展览馆，此时离招聘会开始还有足足一个小时的时间。一进入会场，他就直奔凯撒的展台。前一天下午，负责布展的员工已经布置完毕，展台后面贴上了蓝色的巨幅海报，中德双语的“德国凯撒旅游集团”清楚地印在上面。

当招聘会开始后，小兵发现展览馆大厅里人头攒动，挤满了抱着简历的人，在各个展台前面走来走去，在一些大公司的展台前，甚至排起了长队。他突然意识到，中国的变化真是天翻地覆，在陈茫的那个年代，年轻人实在没有太多选择。相比之下，这个大厅里的人们是多么不同。

小兵张望着人群，他看到了一个姑娘在几个展台前逗留了一会，然后又离开了，最后，那个姑娘挤过人群，向自己这边走了过来。并且，小兵注意到，她的眼睛正盯着自己背后那蓝色的巨幅海报。

当这个姑娘抱着简历来到展台前时，小兵冲她点了点头，然后看着她把自己的简历放在桌上。小兵翻开这份简历，发现这个名叫葛牧的姑娘曾经在宝钢做过外国专家的英语翻译，还在同济大学进修过德语。

他们聊了几句，然后小兵问道："你上学的时候，有什么科目学得比较好？"

葛牧告诉小兵，自己的数学很不错，但文科很糟糕，唯一的例外是政治，这是她多年以来一直很困惑的事情。

"很简单，政治学是逻辑思维的学科，你数学好，说明逻辑思维不错。"小兵又接着问道："那么，你为什么不在上海工作了呢？"

"我是北方人，对那边不太习惯。"葛牧回答得很干脆，"另外，我也不喜欢国企的环境。"

小兵很能理解这两种感觉，同时他发现，在他看简历的同时，葛牧也在翻看凯撒那本宣传手册，看得出来，她被吸引住了。于是，他给葛牧留下电话，邀她星期一到办公室面谈。

多年之后，当葛牧回忆起招聘会的时候，她对自己被凯撒吸引的原因记忆犹新。与外语专业对口的旅游行业、那份制作精美的宣传手册、小兵对于学科的见解，再加上海报上的德文，让她觉得这家公司做事认真，气质不俗。这种感觉推动着她不再考虑任何公司，在星期一一大早就来到凯撒的办公室。

当她坐在小兵对面，被问到是什么原因想要进入凯撒工作时，葛牧想了一想，然后她回答说：

“我希望能进入一个有前景的行业，有一个好的成长空间，所以这个工作，我也很乐意去做。”

“很好。那我们就有共同之处了。你下周一就来上班，先从计调岗位开始。如果你愿意花上一些心思，那么我相信，你是不会在这个位置上待很久的。”

4

最近一段时间，陈茫有些不太安心。据说，最近有几个中国团队发生了或大或小的状况。在阿姆斯特丹，有两位客人在吃完午餐后出门散步，遇到了假缉毒警察检查钱包，结果被偷去了大半钱财。而在佛罗伦萨，两位客人外出参观时，把装着6000美元的箱子留在了酒店房间，回来后发现箱子不翼而飞。

在许多行业工作的人都会盼望着发生让人兴奋激动的事，最好有时还能创造历史，但干旅游这一行的人正相反，他们盼望的最佳状况就是没有状况——司机平平稳稳地开车，导游稳稳当当地陪团，客人顺利完成他们的旅程，没有酒店失窃、车子抛锚、客人丢护照这些状况，更不要有某位年长女士在浴室里滑倒。

陈茫当年在国旅时就很清楚，突发之事不可避免。即使领队、导游和地接旅行社做了最大努力，未雨绸缪地把一切可能都消灭于无形，但这种概率终究存在，特别是当客人的数量足够大时，突发状况就会显得格外频繁。

这些状况一旦发生，就会给公务团带来或大或小的麻烦，往往还有余波，比如客人们因为耽误了行程，耐心越来越少，脾气越来越急躁，这都是人之常情。这种时候，导游们要抓紧找到应对的办法，同时还必须调节客人情绪，平复他们焦躁不安的心情。在这行里流传着一句话，不知道是哪位老导游说过的："情绪这种东西，变糟很容易，要重振却很难。"

"现在这些事防不胜防，只有导游多负点责任，客人人生地不熟，遇到事的时候，除了咱们，还能指望谁呢？"在和导游们说话时，陈茫总是把这句话挂在嘴边。

那一天从早晨起床开始，李京学就感到有些别扭，却又说不出原因。后来他想，可能是因为在意大利的缘故，自己对不佳的治安状况紧张过头了。

按照行程，这一天他的团队要前往米兰，于是他起身下楼，陪着客人们在酒店的餐厅里吃早餐。他叮嘱每桌客人在取自助餐的时候，必须留下一个人看管行李。吃过早餐，李京学看到团队的大巴车已经停在了酒店门口。

李京学认识这位开车的司机，人很和气，留着俾斯麦式的胡子。在点齐人数后，他带着23位客人上了高速公路。根据李京学的手表，他们的车开了一个多小时，路况很干净，两边都有树，有些客人在盯着风景看，另外一些客人还没有睡醒，在座位上补觉。这副景象李京学看了不知多少遍，但他却有种奇怪的感觉，似乎要发生什么事一样。

当看到距离米兰还有50公里的路牌时，李京学才觉得自己放松了一点，转而考虑起午餐来，在他的印象里，凯撒那家定点餐馆的牛肉做得很不错。当这种思绪突然停止的时候，他看到公路边停着两辆车，有五六个人在向他们挥手，而大巴车的速度慢了下来。

“好像是警察。”司机说，“咱们得停车。”

李京学想要阻止他，但司机已经把大巴车停在了路边。“是便衣警察，和咱们在德国那个休息站遇到的一样，应该是查证件。”

对于司机的这个判断，李京学没有理由反驳，他透过车窗观察，发现这伙人都很年轻，看上去没有哪一个超过30岁。他突然想到，这似乎不合逻辑，若是一队警察执勤，至少该有一位年长的警官带队；况且普通的路检并不需要这么多人兴师动众。同时他注意到，当大巴车停稳时，这几个人立刻伸长了脖子，向车内张望着。

李京学站了起来，按开了讲解用的麦克风：“现在有警察检查，但是意大利的治安很不好，大家要警惕，万一有什么动作，咱们得想想如何应对。现在，我先下车看一看，你们不要动。”

大巴车的车门打开了，李京学走了下来。他注意到，最前面的一个人穿着一件蓝色工装，脸很长，长着尖而无力的下巴，一只鹰钩鼻，看上去颇像一只猛禽；他背后的两个人都穿着半袖运动衫，胳膊上文满了旗帜、裸女和各种姓名的首字母。

“我们是警察。”那人用半生不熟的英语说，“检查。”

李京学注意到这英语带着向下沉的尾音，顺着这尾音他往下看，只见一双光脚穿着网球鞋，那鞋原来是白色的，现在差不多成黑的了。他的脑子电光火石般地闪过一个念头，这伙人十有八九不是警察。

“警官，你要检查什么？”李京学问。

“护照。”那人大声嚷着，还挥着手，“快点，快点，别耽误时间。”

李京学向大巴车后面的高速公路望去，什么也没看到。而这伙人又催促了起来，向地上啐着唾沫，没有丝毫耐心。李京学在一瞬间明白了一点什么，于是他点点头，对他们说：

“你们等一下，我上车和客人收一下护照。”

“快点。”

从高速公路到大巴车车厢只有几步路，可李京学感觉足足用了好几分钟，他不想让这伙人看出自己的念头——如果让这伙人上了车，事就麻烦了。

一回到车里，李京学就对司机说：“把门关上，我们走。”他用的是德语，可还是压低了声音。

“那恐怕不行吧，李，他们是警察，我们会有麻烦的。”司机耸了耸肩膀，李京学注意到他的胡子尖有些发颤。

“你现在把门关上，我们走！”李京学突然失去了耐心，声音高了起来。“他们要是真警察，就会开车追我们。要是假货，咱们马上就能识破！”

这声音让客人们动了起来，司机把手放在排挡拉杆上，李京学看出他还在迟疑，与此同时，他感到门后的几双眼睛就在他的背上划来划去，似乎在琢磨着用什么刀才能一下子杀死这个中国人。这种感觉让他吼了起来：“快点开车，听我的！”

司机再没犹豫，大巴车猛地开动，有几位客人因此同时向后靠了一下，沉闷地发出“嗯”的一声。李京学则顾不上踉跄，在车厢里跌跌撞撞地跑到车尾，趴在玻璃上向后望着。

在场的每一位客人都会记得那天的故事，透过后窗，他们看到了一副那样的景象——那几个人先是呆立在原地，就像被巫师施法定住了，几秒钟之后，当大巴车驶远之后，领头的人跳着脚咒骂了起来。

5

导游对于旅行社的宝贵作用促成了凯撒的又一个新计划，小兵打算招聘一些具备基础条件的新人，然后把他们培养成导游。

“既然计调人员可以跟团实习，那咱们为什么不能用这个办法培养导游呢？”小兵说，“反正不会增加多少成本。”

因为归国的那些顾客在遇到他时，除了酒店和餐馆，导游是他们最常提到的话题。事实上，在客人的旅程中，有一半美好记忆都是导游为他们留下的。

凯撒开始了这个计划，陈茫亲自面试，招聘了一批愿意从事导游职业的年轻人。按照凯撒定下的标准，他们都有不错的外语基础，有欧洲的生活经历，有活力，有热情，最重要的是热爱这个职业。他们当中的大多数人在第一次见到陈茫时，都听到了那句著名的唠叨：“我们是导游，也是客人的后盾。”

年轻人们被交到了李京学以及其他一些资深导游的手里，在接下来的一段时间里，作为实习导游，他们跟着旅游团行走于欧洲各国。每天，他们白天帮助照料团队，做清点人数这样简单的工作，同时观察着老师的一举一动，把行程路线、沿途风貌甚至解说词都牢记在心。到了夜里，待客人休息之后，这些资深的导游继续为他们讲解正确的做法，之后才筋疲力尽地上床睡觉。

对于每一位见习导游来说，一趟下来，就会发现这绝不是一件轻松的活儿，漂在外面倒在其次，主要是事事都必须想在前面。唯一值得欣慰的是，资深导游在传授经验时，几乎毫无保留。

经过若干次这样的经历，对于自己的学生，资深导游们要给出自己的鉴定。他们是否合格，是否有能力成为一个合格的导游，都取决于这份鉴定的内容。尽管缺少导游，但只有那些最优秀的人才会有资格为凯撒带团。

当小兵从外省出差回到北京后，他得知了一些旅游行业里的新消息，其中比较吸引他的是一些新成立的旅行社，尤其是保利集团，这家大型央企现在也加入这个行列里。显然，这些新成立的旅行社预示着一种趋势，那就是资本在商机的吸引下，开始追逐更广阔的利润空间。

对小兵来说，看出这个趋势并不是件难事，特别是作为一个整天与顾客打交道的人，他清楚地知道旅游业是在以怎样的幅度增长，在凯撒，这个幅度甚至达到了每年50%。现在，凯撒远比4年前代表处成立时更有名，顾客们在替他们做传播。他有时去参加某个聚会，人们并不认识他，但只要掏出名片，就会听到恍然大悟般“哦”的一声。

这让小兵坚信，陈茫、自己，以及凯撒在欧洲、在国内的全体同仁没有虚度光阴，如果有什么事是可以肯定的，那就是凯撒这块牌子，已经成为许多人去欧洲时地接旅行社的第一选择。

在这段日子里，代表处的同事们都发现，小兵是一个毫无架子的人，他的办公室是一个小房间，里面简单地放了些家具：一张木质办公桌、一个棕色的长沙发、几把坐起来不算舒服的椅子和两个玻璃书柜，从办公室的布置上，可以很容易看出它的使用者并没有把心思花在这上面。

但在那两个柜子里，同事们却看到了满满的书：财务、管理、经济学，还有时下火热的互联网，大家还发现，只要一有空，陈小兵就会从中抽出一本读起来。他读书的速度很快，几乎就像是翻书，但说不准什么时候谈到相关话题时，小兵就会提到里面的知识。

每个月，小兵的时间都被分割成几块。一部分用在频繁的出差上，主要是去造访几大旅行社在各省的分社，同那里的负责人谈话，讨论业务代理的分成比例。此外，他也造访欧洲各国驻华使馆、各大航空公司，以寻求业务上的便利支持。当然，他最重视的依然是与客户的关系维护。

随着中国经济的持续上行，陈小兵发现，去德国参加各种展览会的企业越来越多。代表处形成了一个小团队，专门负责给有此需求的客户提供参展服务，以及展后配套的观光服务。于是，小兵专门抽出一大块精力，用在拜访展览公司和这类客户上，他自己的解释是：这些都是有价值的客户，绝不仅仅因为他们现在能带给我们业务，更大的回报在后面。

用不了多久，大家就懂得了陈小兵这句话的含义。因为在报纸和杂志上，“白领”这个词出现得越来越多，甚至还有一个由此派生出来的“金领”阶层。他们中的大多数来自企业，这些人一年的收入，差不多是公务员的10倍甚至几十倍。在有的外资企业，当一些年轻人被提升为高管时，他们甚至还不到30岁。在消费能力上，他们或许还比不上最富裕的那些私营企业主，但在消费观念上，却绝对要前卫得多。

“这些人就是国内未来的中产阶级，”小兵对陈茫说，“抓住了他们，我们就有了最有价值的客户群。”

6

这是一个5月的清晨，叶伟坐在北京首都机场的候机室里吃着早餐。整个候机室里并没有多少人，她看了看表，刚刚6点10分，离她等待的航班登机时间还有30分钟。

几个月前，当叶伟离开国航的空乘岗位，加入凯撒北京代表处时，她并不太清楚这是一家什么样的公司。她只是厌倦了一成不变的生活，想要换一份更有挑战的工作。而这，也正是小兵录用她的原因。

在计调岗位待了一段时间后，叶伟被小兵调去做销售。她很快发现，办公室里的工作只是帮助她熟悉了公务团的业务，当她来到一线才清楚地看到，究竟需要怎样的努力，才能让凯撒的品牌深入人心。

习惯了空中飞人生活的叶伟发现，自己绝不会更轻松，毫不夸张地说，凯撒的公务团客户已经遍布全国。这使叶伟出差的区域遍及全国，包括了长三角的上海和珠三角的广州。最夸张的几次，她搭早班飞机来到广州或深圳，与客户谈过业务之后，又乘晚班飞机匆匆赶回北京。多年之后，叶伟发现无论在车上还是飞机上，她都能睡得着，哪怕是在嘈杂的候机室里，这完全应该归功于她这段东奔西跑的经历。

叶伟觉得自己的新工作很迷人，就像是在打仗，她有点像一个穿梭于前线与指挥部之间的作战参谋：从火车站或机场飞跑着抢出租车；在走廊里穿来穿去，寻找外事或人事部门的办公室；与负责人会面；跟客户的接头人讨论食宿、交通、公务、观光的几十项细节……

这样工作了一段时间之后，有一天，小兵问到她对这份工作的感受时，叶伟说自己真恨不得能分成几个人。

这个回答让小兵笑了起来，然后他说："过去好几年，我们就是这么过来的。"

在凯撒成立的第九年，或者说北京代表处成立的第六年，相比当年的夫妻小店，凯撒已经完全不同了。虽然它仍然算不上一家大型公司，但却已经在国内享有相当的声誉。在业内人士看来，这种声誉主要来自凯撒在地接服务上的专业度。但普通顾客却并不这样看，在他们的眼里，凯撒是个让人放心的选择，至于它的竞争力究竟来自哪里实在无须深究。就像一位展览公司的总经理所说的那样："你只要记住'去欧洲，找凯撒'这句话，那就足够了。"

当小兵听到这句话时，他着实高兴了一阵子，他随即把这句话转告给陈茫，立刻收到了同样的反应。小兵后来总结说："这是我们做出来的，不管外部环境如何，只要我们做好服务，就会有人选择我们。"

而对于业务，他们都认为，只要有机会，就一定要继续扩大竞争力上的优势。

于是在 2001 年，小兵决定用代表处积累下来的利润发起一次收购，目标是一家名叫橄榄树的票务公司。这一收购，使得代表处获得了真正的机票代理资质，可以直接发售所有航空公司的机票，并且是以最优惠的价格，这使得整个凯撒在机票上的采购成本降了一大截。

那年年底，与德国大使馆接触颇多的小兵听说了一些消息，这让他感到既欣喜又兴奋。几天之后，陈茫也从德国方面证实了消息的可靠程度。他们为这些消息讨论了很长时间。

"看来，我们这一次要开始玩真格的了，对吧？"那天夜里晚些时候，陈茫这样问道。

"是的，估计我又要招聘了，因为新的一年，我们要拼命了。"小兵回答说。

第六章

在笔试中，当陈杰把一摊墨水洒在考卷上，不得不满考场借纸时，他觉得自己的运气糟透了，很可能不会被凯撒公司录用。而在一周之后，当这个纯朴的大学生收到通知，并坐在小兵面前接受面试时，有那么一瞬间，他又觉得自己是个幸运的人。特别是当他走出门时，陈小兵在他的左肩上用力一拍，笑着对他说："祝你成功！"这让他下定决心，要认真对待自己这份工作。

在最初三个月里，他与任何一个初入职场的大学生没什么区别，他在办公室里做一些最基础的事，复印文件、交支票、替人跑腿、帮签证部的同事填表格。尽管如此，陈杰还是尽量把每件事都做好。他喜欢这里的融洽氛围，每个人看见他，都会冲他点头微笑。更重要的是，代表处办公室里的30多位员工，似乎人人都凭借自己的专长各司其职，整个公司虽小，却像是一台运转流畅的精密仪器。

直到试用期过后，陈杰才开始接触真正的业务。作为团体旅游销售部的业务员，陈杰打交道的对象是各省的旅行社，他对着电话黄页打电话，向他们介绍凯撒、推销产品，争取他们成为凯撒的代理商。但没过多久，他就对自己感到不满，因为他发现自己对业务知之甚少。更让他不舒服的是，有些和他一起进入公司的年轻人进步飞快，已经开始有业绩了。每天晚上躺在床上，陈杰都在翻来覆去地想着这件事。不过，究竟怎样才能改变，他一时还没有好主意。

最后，陈杰终于下了决心，这一问题，他必须像以前对待学校里的考试那样，用知识和经验战胜它。

一段时间之后，陈杰得到了一个机会，他要和负责带他的老师一起去山西出趟差。这让他意识到，自己学习的时机来了。

老师首先让陈杰明白的是，要成为一名合格的销售，只靠生硬推销是不行的，要搞清楚对方真正在意的是什么。他还告诫陈杰，和人打交道一定要有耐心——还有，对方在坚持或让步时分别会有什么表示。

这些经验像是为陈杰打开了一扇新窗，他听得非常认真。在老师与对方交谈时，他不仅仔细观察，还把谈话内容都记了下来，甚至可以说，他做得过于细致了。尽管他的老师说他进步很快，但陈杰还是觉得，自己需要学的东西太多了。

在回到北京后，陈杰用两个晚上制作了一份出差报告，虽然没有人要求他这样做，但他还是干得津津有味。在那份报告上，他把山西的各家旅行社做了分类：已经达成合作、需要长期维护的；有较大希望达成合作的；需要加大力度争取的；以及那些不应再花精力的。此外，他还做了下一步的工作计划。

完成报告后，陈杰在前一天的晚上把它又读了几遍。虽然他并不清楚自己完成了一份渠道梳理报告，但他对这份报告非常有信心，可是，当他把报告交给老师的时候，他的自信马上又变成了忐忑。因为老师在读的时候一句话也没有说，并且立刻带着陈杰来到了总经理办公室。小兵读了好几遍报告，还在一些地方用下划线做了标记，然后他直接把这份报告用传真发到了汉堡的办公室。

几天之后，陈杰忐忑不安的心终于落了地。那天，他吃过午饭回到公司，发现总经理办公室的门开着，沙发上坐着一个中年人，穿着条纹面料西装，衬衣领子挺括，结着深色的单色领带。紧接着，小兵从办公室里探出身子，要自己进去。他随后听到小兵说："这就是陈杰。"

让陈杰吃惊的是，那个中年人立刻向他伸出了手。"我是陈茫，"他说，"你那篇报告我看过了，写得非常好，继续努力。"

陈杰咧着嘴笑了起来，他握着陈茫的手，感觉自己像是刚喝了一大口酒，甚至连陈茫接下来的话也没听清楚。

事实上，就在陈杰完成他的实习报告时，凯撒已经在推进一个销售计划了。鉴于凯撒已经有了若干条成熟的旅游线路，无论是签证、机票，还是沿途的餐馆、酒店、景点，都已经非常完整。小兵因此希望开发更多的渠道商来销售这些产品。

尽管愿望迫切，但小兵认为渠道管理必不可少。他曾花了不少时间来研究这方面的内容，认为对于不同的渠道商，应当采取不同策略。比如，对那些合作紧密的渠道商，应当给予更优惠的代理价格。再如，不同区域的市场情况也不一样，凯撒应该和渠道商一起，共同制定更有针对性的推广方式。

小兵心里清楚，达成这些目标的唯一方法是，在每一个区域市场里，必须有人像雕刻一样，精工细作，地去和渠道商打交道，不仅要把跟凯撒有业务关系的旅行社罗列出来，并且要逐家摸清它们的详细情况，甚至细致到其负责人对于合作的具体想法。

于是，在一段时间之后，陈杰终于得到了更大的机会，公司把山西、河南两省的合作伙伴交给他，由他来负责这两个市场从运营、维护一直到收客的全部工作。他终于可以不再辗转难眠了。

2

英国小说家杰弗里·阿切尔曾说过，每个人都会准确无误地记住他是在何时何地经历那些重大历史时刻的。

2002年7月1日下午4点，42岁的陈茫正准备动身去柏林，那里有一个高级政府考察团。此时，32岁的小兵正在和一家旅行社的负责人交谈，后者坚持想要更优惠的合作条件；葛牧正在把一份文件译成英文，这对于英语程度专业八级的她来说毫不费力；在哈尔滨的叶伟，刚刚离开客户的办公室；李京学则正带着一个旅游团登上开往那不勒斯的大巴车。

在随后的几天里，差不多每一位出境旅游领域的从业者都听说了同样的消息——中德两国已经正式签署《关于实施中国公民组团赴德国旅游的谅解备忘录》，这标志着从这一年的12月起，德国将正式成为向中国公民开放的自费旅游目的地国家，也就是"ADS国家"。从此，普通游客可以直接办理旅游签证，名正言顺地参加旅行团，无须再办理商务签证、通过参加公务团这种形式赴德旅游了。

德国成为ADS国家的消息，成了中国旅游业的一个重大利好，给从业者们注入了新的活力。对于凯撒的员工们来说，此时，他们却顾不上庆祝。

在得知消息后的24小时里，陈小兵和陈茫连续通了几次电话，商量他们立即要着手做的事。随后，代表处的同事们看见，小兵坐在办公室里，桌上堆满了各种资料和纸张，手边还摆着一台计算器，看上去就像一个间谍机关的情报分析员。

而汉堡办公室的同事们则发现，在接下来的几天里，陈茫基本都在外面跑动，偶尔回到办公室的时候，他也一直在通电话，无暇顾及业务上的问题。这让他们感到一点惊讶，要知道，平时这个人的风格可是事无巨细，都要亲自过问的。

当这兄弟二人回归到平常状态时，大家才明白他们在计划一件大事。小兵用最快的速度召集同事们开了个会，他向大家宣布，将会组织一个前往德国的首发旅游团。尔后，小兵指示各业务线上的负责人，立刻着手开展首发团的筹备工作。

各部门负责人花了几天时间，对首发团的各方面进行了讨论。最终他们得出的结论是：应当把首发团做成一次大规模的市场推广行动。这不仅是为了推广凯撒的品牌，更为重要的是，可以借着德国向中国游客开放的机会，推动中国人前往欧洲旅游的风潮。

首发团涉及大量细节，要与多方面进行配合，为此有大量工作需要展开。小兵和陈茫每天都会关注进程。随着工作节节向前推进，参与进来的人都在加班加点。葛牧看到，为准备必要的书面文件，一些工作甚至被量化到了小时。最终，当首发团的宣传海报被制作出来时，代表处办公室的全体同事几乎都聚到了桌子前，他们看到，海报上赫然印着“德国 8 天游”和“8888 元”。

“咱们这一次就给国人一个信息，欧洲游离你并不遥远。”小兵说，“可以只花不到一万元钱，就去感受一下欧洲。只要这一炮能打响，大家一定会牢牢记住咱们凯撒。”

从筹备到最终成团，凯撒的德国首发团前后费时几个月，在这个过程中，陈茫和小兵分头跑动，在他们的争取下，德国旅游局、德国汉莎航空公司以及国旅总社给予了鼎力协助，用最快的速度完成了所需的全套手续。

2003 年 2 月 15 日，100 位中国游客作为凯撒的首发团成员启程前往德国，在首都机场的航站楼里，凯撒的工作人员拉起了巨大的红色横幅——“祝凯撒德国首发团圆满成功”。领队则打起了凯撒的蓝色旗帜。这幅欢庆画面吸引了不少人驻足观看。小兵亲自送行，他没有讲太多的话，只是笑着对客人们说：“凯撒为大家准备了不少惊喜，祝你们玩得愉快。”

客人们很快就发现陈小兵所言不虚，为了让客人们感受良好，陈茫下令拿出凯撒的储备资源，为首发团提供增值服务。客人们从入住酒店时就感到，他们的每一分钱都花得物超所值。免费的房间升级、豪华大巴车接送、精心安排的美味团餐。既有符合胃口的传统中餐，也有啤酒和巴伐利亚烤猪肘这些德国风味。在他们抵达柏林时，柏林市长在亚历山大广场的红色市政厅亲自接待，代表柏林对中国的游客表示欢迎。第二天，德国《每日镜报》头版刊出了报道文章，大字标题显得格外醒目：

“红色市政厅迎来了来自红色中国的游客”

几天之后，首发团抵达汉堡，凯撒和汉堡市政府为他们准备了一个更大的欢迎仪式。

那一天，首发团的客人们来到了汉堡市政厅，陈茫亲自陪着他们四处参观——中央大厅立柱上历代德国名人的浮雕、墙上的壁画、高高在上的拱形的橡木天花板……在参观结束后，欢迎仪式在市政府楼上的大宴会厅里举行。汉堡市市长亲自出面，并发表了讲话。

“这将是中德关系史上的里程碑。”市长在讲话中说，“我代表汉堡欢迎你们的到来。”

在一片掌声中，陈茫站起来致辞，对到场的嘉宾们表示感谢。“朋友们，祝愿你们在汉堡和德国度过美好的时光，也祝愿中德友谊不断发展。”在致辞结束时，他忍不住想到，凯撒的好戏还在后面。

3

随着2003年春天的到来，凯撒在各个方面都变得更为顺利。更多的客人、更多的渠道、更多的目的地资源，以及传闻中更多即将对中国游客开放的欧洲国家。这些迹象似乎预示着一个灿烂的明天。

和他们之前设想的一样，中国人对赴欧旅游兴趣十足，最先开放的德国就是现成的例子。尽管还远没到旅游旺季，但代表处的业务员们却有十足的把握，他们可以在2003年创造一个业绩高峰。因为差不多每个人都发现，对于那些具备了出国旅游消费能力的顾客来说，无论是日本、韩国，还是新加坡、泰国或者马来西亚，都比不上欧洲更有吸引力。

3月中旬，小兵给陈茫打了个电话，他认为应当把凯撒的战略重心转移到国内来，他的理由是，指挥部理应设在听得见炮声的地方。在市场不开放的时期，用代表处的方式经营业务，无非是利润多少的问题。然而，在市场开始繁荣、竞争者不断出现的时期，不努力进取就会被甩在后面，他为此感到忧心忡忡。在他心中，这种危机感已经存在很久了。因为从创立直到现在，凯撒的身份始终是一家欧洲地接旅行社，因为没有出境资质，因此只能在后台，用与其他旅行社合作的迂回方式来经营出境业务。甚至连自己的德国首发团，都是在国旅总社的名义下组织的。

在小兵眼里，一家好公司从来都不该随波逐流，也不该安于现状。精明的经营者应当预先看出未来的几步，其他人只能跟在后面亦步亦趋。陈茫同意这个思路，只是在具体做法上还有待研究。

在快要挂电话的时候，陈茫突然想起来一条他刚刚听到的消息。

“小兵，前两天我听说，国内现在好像正在流行一种病，叫什么非典型肺炎？”

几天之后，在一次应酬中，小兵正式听说了这个所谓的“非典型肺炎”，当时饭桌上恰好有一位医疗系统的专家在场。他为大家描述了这种肺炎的可怕症状，先是发热、头疼、肌肉酸痛、干咳，看上去和普通感冒症状一模一样，但是一旦恶化，几乎无从治疗，病人会快速进入呼吸窘迫、脏器衰竭的阶段。因为没有确定病原，所以只好笼统地把这种疾病称为“非典”。

到3月份，“非典”飞速蔓延，疫情开始扩大，从广东到香港，再到北京、上海，几乎每天都有死亡病例出现。到4月初，仅北京一地的确诊病例就已过千人。为了对付这种当时还无法控制的疫情，政府果断采取了强干预手段，一旦发现疑似病例，当即进行大面积整体隔离。最让人恐慌的是，尽管北京市正常的生活和商业活动被全部打乱，仍然无法控制与日俱增的疫情。

4 月上旬，在满城恐慌之中，叶伟到外地去拜访客户。几天后，她一回到北京，明显感到气氛比离京时紧张得多。在火车站的出入口，有人拿着红外线体温检测仪，逐个检查乘客的体温；戴着防尘口罩的市民随处可见。她匆匆忙忙地赶回公司，发现写字楼里也是一样的情形。

小兵叫停了代表处全部外地出差，转而用电话、传真和电子邮件联系业务，他不能让同事们在这种时候去冒风险。过了半个月，整个北京已经风声鹤唳，人人自危，超市里的食品、饮用水和口罩基本被疯抢一光。这时小兵他们发现，即使现在放开手去开拓业务，也已经无事可做，因为疫情，人们甚至连必要的出行都放弃了，更不用说出国了。

接下来的这段时间，尽管北京艳阳高照，但对于旅游行业来说，即将到来的旅游旺季却成了最严酷的冬季。凯撒北京代表处的业务基本已经停止了运转，小兵束手无策地看着那些原本即将成行的团队一个接一个地退订。无论是私人游客，还是公务出行，都放弃了原有的出国计划。放眼望去，旅游行业的情况真可谓糟糕透顶，甚至还有株连。比如，在过去的几年里，奥地利航空公司一直是凯撒的紧密合作伙伴，它的中华区首席代表任军发现，整个空运行业都成了受害者。尽管让飞机停在地面对任何一家航空公司来说都是灾难，但大量班次的上座率甚至不到半成，航空公司不得不下令暂时停飞。

现在即使身在汉堡，凯撒欧洲的员工也对国内情况了解得差不多了。在机票部，退订的机票足有一米高，既没人愿意来，也没人愿意到中国去；团组部打进打出的电话锐减，不再像战时指挥所，大家坐在那里无事可做，让陈茫想起了当年青年印刷厂的办公室。

每年这个季节，正是导游忙得不可开交的时候，现在则无团可带，硕果仅存的几个团队在欧洲受到了前所未有的冰冷对待。李京学发现，欧洲人对亚洲面孔唯恐避之不及，女巫在中世纪的待遇，大概也不过如此。

此时的旅游行业就像是大海中的一叶扁舟，面对狂风大浪，生死难料。每个人都感觉到，凯撒就像是漂在狂风巨浪中的一叶孤舟。当然，无论是陈茫还是小兵，他们都相信“非典”只是暂时性的疫情，政府一定有能力也有办法控制住，不至于任其发展成灾。但媒体上连续不断的报道，加上不断从国内传来的无从分辨的消息，起到了三人成虎的效果。再加上成堆的退票、作废的签证、取消的出国计划，这让陈茫和小兵不得不承认，事情的发展往往高度取决于多数人的想法。当人们去欧洲旅游的需求格外迫切时，开放就是必然之势；而当“非典”到来，公众出于避险心理就会减少出行，这就是大众心理学。当它映射在市场上时，就会引起完全不同的反应。即便有德国开放那样的重磅利好，也会因为无妄之灾带来重重难关。

4

在“非典”的笼罩下，无论是北京代表处还是德国办公室，都进入了事实上的停摆状态，既没有新业务，也没有业务正在运转。即使是在凯撒成立的第一年里，也未曾如此冷清过。

公司的各项开支还在继续，但所有的收入——无论是团款，还是机票销售，都已经到了聊胜于无的境地。陈茫来到财务部门，他发现仅有的一点收入甚至不能支撑公司的开支。小兵则发现，许多代理商本该结算之前的代理收入，现在也有了合适的延期理由。凯撒面临的另一个麻烦是，在酒店、航空公司和餐馆供应商那里，还有一大把待付的账目。

在北京，代表处的同事们发现小兵并没有什么变化，他依然每天早早来上班，笑嘻嘻地给大家讲笑话，中午跟大家在一张桌子上吃饭，像是没发生什么事一样。可一回到家，他就忍不住给陈茫打电话。

“火刚烧起来，就来了一瓢冷水。”小兵说，“这要是真弄个三年五年，别说咱们，底子再厚也撑不住。”

“我觉得那不可能。”陈茫说，“1998年的时候，长江发那么大的洪水，政府都有办法，这回肯定也能控制住。”

陈茫的判断自有其道理，在过去几年里他接触了大量政府客户，熟悉中国政府行政体系的结构——在中国的任何一个危急时刻，只要中央政府决心充足，那么这个体系会相互协同，在短时间内进入高效严谨的应急状态。因此，他在办公室里不停地为员工打气。负责计调的王乐平加入办公室已经三年，她不止一次地听见陈茫说，“这事只是暂时的，最多持续到年底。”

许多公司的经营者会在这个时候要求公司在财务上保持收支平衡。如此一来，无情的裁员就波涛汹涌而来。在很多行业和公司，员工们发现自己被“合理解雇”了，取而代之的是经验不足但便宜得多的新人。这样做倒是暂时省了些钱，但公司士气一落千丈，侥幸留下的员工也会人心惶惶。无论是陈茫，还是陈小兵，都绝不愿意这样。

“我们这个公司一直都像是一个大家庭，虽然业务暂时没有了，但是这个家不能散。”陈小兵说。

在电话里，陈茫与小兵商量出了必须采取的措施，首先要保证将凯撒的优秀员工留下来。他们随即向大家宣布，凯撒不解雇任何一个人，同时，员工们开始半薪休假，全员待命，只要情况好转，立刻复工上班。在放假之前，小兵和陈茫都向员工们保证，当下的情况一定会改变。同时，他们又向所有的供应商保证，以凯撒的信誉，绝不会欠账不还。

然而进入 5 月之后，情况依然不见好转。在北京，疫情的严重程度已经让人们不再愿意外出就餐，商业街和景点门庭冷落，大量商铺都缩短了营业时间或是干脆关门歇业。出租车司机把车停在树荫下，三三两两地打扑克，因为他们知道，即便在街上转一整天，也拉不到客人。

对整个凯撒的财务状况做过全面评估后，陈茫不得不承认，假如疫情依然得不到控制，恐慌情绪不能平息，那么旅游行业是绝不会走出谷底的。更严峻的是，为了保证疫情不至于向境外传播，中国国家旅游局下发了通知，要求行业内暂时停止出境业务。这让陈茫现在开始真正怀疑，凯撒的钱袋和信心能否坚持到公司翻身。

这一天，陈茫独自坐在空无一人的办公室里。自从来到德国的第一天起，陈茫从未像现在这样心里没底。他打开音箱，德沃夏克的《自新大陆》的序奏慢板在办公室里悠然响起，坐在桌子后面，他注视着天花板，开始情不自禁地回顾自己的过去。

刚到德国时，他在小旅行社里卖机票，站在书店门口拉生意，曾经一整天没有一位顾客上门；又在北方宾馆里找了份工作，成了一名宾馆前台，打上班第一天起，他就一个人干几个人的活；

两年后，这个曾经的导游，成了蘑菇场的货车司机和销售。

他的同事们甚至想不明白，他是如何在如此繁重的工作下还能精力充沛。而陈茫有时也会怀疑，如果当初不从国旅辞职来到德国，他是否有可能过得更好。

陈茫并不确定永不停步的劲头对自己能有什么帮助，他只是希望活得更精彩一点。不过，后来的日子给了他答案。他的努力，让他在异国他乡生存下来，有了人生中第一笔像样的积蓄，并且有了一群可靠的朋友。于是，在自己 33 岁那一年，他拥有了自己的旅行社。

自那时起，他的生活便有了更重要的目标。此后又从这个目标中发展出一系列新目标。他还记得为了接待第一个公务团，自己不得不提前跑到罗马，站在威尼斯广场四处张望哪里有公共卫生间；为了让客人吃好住好，他一个人跑遍西欧的酒店和餐馆。他的付出得到了应有的回报，在两年之后的 1995 年，上千人成为凯撒的顾客。

用自己挤出来的时间，陈茫为凯撒铺开了未来之路。他筹备了北京代表处，找到了志同道合的合伙人，从欧洲的华人圈里招聘相应的人员，并把服务标准化，不断加强能力，以提高凯撒的服务水准。为了让顾客更加信赖凯撒，他一趟趟地从汉堡赶到柏林，又从法兰克福赶到巴黎，去看望一个又一个团队，为的就是能让顾客的感受更好。

随着长笛和单簧管交替奏响，陈茫的思绪回到了眼下，现在，德国开放了对中国的旅游签证，欧洲的全面开放指日可待。这一切的背后，埋藏了数不清的努力和坚持。和几年前相比，无论是他还是小兵，的确都已经不必为生计所累，然而陈茫明白，若想让凯撒成为长久的事业，那么无论如何，他都不能为自己已经拥有的一切感天谢地，放缓前进的脚步，没有什么能够阻止凯撒去努力实现更大的目标。

他看着桌子上那辆奔驰汽车的模型，有那么一瞬间他突然想到，在这个品牌一百多年的历史背后，不知有过多少次危难时刻，却始终渡过了难关。现在，他衷心希望，凯撒能够继续前进，挑战如今在欧洲的老牌旅行社。他还希望，在新世纪里，凯撒能够成为中国最主要的旅游企业之一。

于是，陈茫从办公桌后面站了起来，拨通了北京代表处办公室的电话，他知道，尽管北京已是傍晚，但小兵一定会守在那里，因为这些愿望同样属于小兵。

“天塌不下来！”他说，“与其坐以待毙，倒不如咱俩商量一下，看看能做点什么。”

5

“我觉得没生意是件好事，最起码咱们暂时不用为导游的事发愁了。”

陈茫这句话，让屋子里的人全都笑了起来。在几分钟前，当李京学和其他几位老导游来到陈茫家里时，他们还不太清楚，究竟要商量什么事。在接下来的几个小时里，他们商量好了一个计划，成立一家欧洲导游培训学院。

几年前，小兵就曾提出过这个计划。他的理由是：导游这个行业流动性很强，找到称职的导游也不容易。即使在开始自己培训导游之后，凯撒也没能解决导游奇缺的难题。特别是每逢旺季，计调人员就捉襟见肘，为不能派出称心如意的导游而一筹莫展，不得不到市场上去临时找人。

这让小兵非常渴望能够拥有一支自己的导游队伍。而如果有一所导游培训学院，就可以按照实际需要，从业务到职业素养，成批地培训合格的导游。在他们结业之后，可以直接得到凯撒的陪团机会。

“过去实在太忙了，正好趁现在大家都有时间，咱们可以把这个事做了。”

在贴出招生布告一段时间之后，导游培训学院第一期正式开课。学员中既有想要加强专业能力的现成导游，也有留学生和其他行业中那些愿意成为导游的中国人。这让陈茫发现，其实有很多人想要进入这个行业，只是一直没有现成的渠道。于是，连同他自己在内，公司的几位资深导游和计调人员组成了最初的教师队伍，开始为学员们讲授从欧洲史到导游实务的全部课程。在这个过程中，导游培训学院得到了德国旅游局的支持，结业学员可以得到旅游局认可的导游证书。

在为未来的导游们授课的同时，陈茫发现，事情正在向好的方向演变。国内的疫情虽然还在持续，但似乎已经得到了有效的控制，并没有爆发到更严重的程度。同时，德国政府在发现了凯撒的状况之后，主动用免除房租的方式给予了帮助。还有许多合作伙伴纷纷打电话给陈茫，除了安慰之外，都表示会用实际行动支持凯撒渡过难关。

英国首相哈罗德·麦克米伦有一个经验之谈：如果要把一个组织推向高度凝聚，胜利未必比危险有效，只有“事件、大事件、危险的大事件”，就像1940年，英国人刚刚从敦刻尔克撤回几十万人，戈林又开始轰炸伦敦时那样。

在北京，小兵发现代表处的员工基本没有流失。7 月份，他和几个部门负责人挨个给大家打电话，结果听到最多的一句话是“咱们什么时候开始上班？”这句话让小兵想到，在过去几年里，公司所做的最有价值的事，可能并不是开拓了多少客户，而是有了一群愿意与公司共渡难关的同事。

几天之后，当陈杰来到公司的时候，发现同事们已经聚齐了，赵欣、叶伟、葛牧……这些老同事一个不少。接下来，他听见部门经理在喊他的名字，要他赶紧找个地方坐下。当陈杰把椅子搬过来的时候，他看见小兵从办公室里走了出来，冲他点了点头。

“有个好消息告诉大家，咱们又有团了。”小兵说。这让办公室里响起了一片欢呼。

“来，咱们赶紧趁这个时间，做场业务培训。”小兵笑着说，“陈杰迟到了，就从你开始，赶紧把你推销产品的经验给大家分享一下。”

6

随着导游培训学院第一期培训班渐近尾声，陈茫认为，他是时候去实施另外一个计划了。

在过去的10年里，凯撒建立了自己的核心能力、销售渠道、一支强干的队伍，还有深入人心的品牌。陈茫心里清楚，这些都是凯撒的王牌。在未来的10年里，凯撒应当加强和巩固既有的地位。几个月以来，小兵一直在与他商量一件关系到凯撒未来、可能会从根本上改变凯撒的大事。而陈茫则同时想到，在凯撒品牌的进一步推广上，除了常规的商业手段，还可以有其他的方式，比如在经过精心筛选的领域进行投资。

他向小兵透露，因为凯撒的业务与公众的关系越来越紧密，因此他想通过更大的社会影响力，来加强这方面的关系。他希望凯撒可以借助一些以前从未涉足的平台，去和公众建立更紧密的联系。比如投资开设一份中文报纸就是一个好方式——用优质内容和客观立场来吸引读者，当报纸的影响力扩散到足够大的程度，也许可以产生不可估量的协同效应。

在陈茫的心里，还有一个更深的愿望，那就是为华人做一些事。在欧洲十多年来，他慢慢发现，在欧洲的华侨一贯小心谨慎，基本没有自己的话语权；同时，欧洲民众对中国形象也有不小的认识误区，华人在利益受到损害的时候，往往忍气吞声，特别是华人游客时常遭受安全侵犯。这让他感到，面对这种局面，实在应该靠一个媒体平台据理力争，才能维护自己的利益。

在这个计划里，陈茫决定要找到一个合适的帮手。幸运的是，在导游培训班里，他发现了一个可能的人选。

在第一期培训班里，有一位学员格外引人注意。他身材高大，留着短髭，肤色健康，就像刚在爱琴海度过假一样。谈过话后他才知道，这个人名叫范轩，在来德国留学之前，他原本是中央人民广播电台的播音员。这份职业除了让他熟悉媒体运作之外，还给了他相当棒的表达能力，从闲谈中的插科打诨到严肃场合的演讲，范轩似乎都不在话下。

于是在观察了一段时间之后，陈茫决定做一次试探，他尝试着问范轩，是否可以为凯撒写一点东西，谈一谈对凯撒业务的认识。两天之后，陈茫拿到了两篇稿子。让他意外的是，尽管与凯撒接触不深，但范轩的稿子却非常漂亮，而且用了两种不同的文风。

这让陈茫确信，范轩就是他要找的人，他需要这样一个人，来帮助自己完成凯撒的媒体计划。

于是，陈茫把范轩约到自己家里做客，每天沿着各种话题闲聊，他很有耐心，想要更了解对方。终于，在范轩告别的前一天，他向范轩袒露了自己办报纸的计划。

“那是好事，你就办呗。”范轩轻松地说，“我还可以给你们供稿呢。”

“不，我不是这个意思。”陈茫说:“你要参与进来，做这份报纸的总编怎么样？”

范轩没有想到陈茫竟会突然这样说。“这恐怕有点难。”他赶紧说，“我虽然是从媒体圈出来的，可我是节目主持人，没有做过平面媒体。”

“我看好的事情不会有错的。我觉得咱们在一起，肯定能把这份报纸做起来。”

范轩突然感觉到，似乎很难拒绝对面这个人，特别是他似乎并没有等自己的答案，而是马上谈起了他对报纸的计划和想法。听下来，整个计划周全，说明这些想法已经在他脑子里盘亘很长时间了。

在这一年的8月，由凯撒投资主办的《欧洲新报》创刊，以德国为第一步的发行区域。陈茫和范轩分别担任了这份报纸的社长和总编辑。

2003年的8月12日是一个真正的晴天，这一天，中文导游培训学院的又一期学员即将结业，下一步，他们将开始进入实习阶段，距离成为真正的导游只剩半步之遥。为了庆祝这个重要的时刻，与凯撒一向有密切合作的柏林市旅游局专门为学员们举办了一个欢迎仪式。

“中国的历史悠久，幅员辽阔，人口众多，并且随着经济的发展，消费潜力不断增长。”旅游局局长内格博士在讲话中说，“而德国的旅游资源非常丰富，这为德中两国开展深层次的旅游合作奠定了坚实基础。”

“我估计，来德国旅游的中国游客将会成倍增长，中国未来将会成为德国最大的客源国。”内格博士最后说，“因此，朋友们，你们将会是最幸运，也最忙碌的一批人。”

在现场嘉宾的掌声中，陈茫站起身来，对到场的嘉宾表示感谢，随后他代表凯撒讲话，表示将会结合中国旅游者在欧洲旅游的特点，培养更多高素质的旅游服务人员。

当记者们结束提问，开始为到场嘉宾拍照合影的时候，内格博士在陈茫的背上亲热地拍了一下，他说：“陈，不要担心，我估计这一切都会很快过去的。”

如同内格博士所说的那样，2003年夏末，由于中国政府的管控措施得到坚决的执行，“非典”疫情终于被控制住了，民众的恐慌情绪开始逐渐缓解，逐步恢复了正常的生活节奏，那些门庭冷落的商业场所，现在重新变得热闹起来，甚至远超“非典”之前。人们开始涌入消费场所，还有更夸张的，一些人甚至提着大笔现金去买高档商品。经济学者们把这种现象描述为“在消费者的消费信心重建之后，商业会出现报复性的大幅反弹”。相比之下，小兵的解释则言简意赅：“不论是购物欲望，还是钱包，都压抑太久了。”

受这种氛围的感召，旅游行业的复苏也开始了。在国家旅游局恢复了出境游业务之后，凯撒业务员们的手机就整天响个不停。此外，还有大量通过代理商报名准备出国的客户。从财务部的数据可以清楚地看到，公务团和旅游团的数量都以前所未有的速度猛增。

到这一年的秋季，小兵和陈茫都发现，凯撒不仅已经从之前的濒危状态走了出来，而且似乎还获得了一次业务的大跃升，如果按照当前的增长速度，那么凯撒在上半年里损失的客流量只需两个月就可以补回来，而且还可能出现超越。每年的冬天是欧洲旅游的淡季，而现在，从 12 月到次年 2 月都有旅游团预约出国。

当“非典”后第一批旅游团踏上欧洲的时候，小兵接到了陈茫的电话，他听见自己的哥哥在长出一口气之后说道：

“小兵，咱们终于挺过来了。”

7

陈茫的话一点都没错，凯撒不仅挺过了这一关，而且与它背后的中国一起正变得更好。而在走出了“非典”阴霾之后，小兵终于可以放下担忧，认真考虑那个关系公司未来的大计划了。

这个大计划的起点，与中央直属企业保利集团有关。2001 年，保利集团看到了旅游市场的曼妙前景，投资创办了保利国际旅行社，并且拿到了出境旅游业务的经营资质。不过，和最初的想象有所不同，这个行业所需要的专业能力，成了保利国旅难以跨越的门槛。在经营了一段时间之后，保利集团和旅行社的经理人发现，要在这个行业有所作为，资本多寡并不是唯一的决定因素。旅游业务充满了各种不确定的细枝末节，任何一方面的不足，都会让客户不满。

这让保利的经理人想到，并不是所有的多元化尝试都会取得成功，与其勉强维持，倒不如把资源和精力放在更有价值的领域。因此从 2002 年年底开始，保利国旅就通过各种渠道，主动寻求重组旅行社的机会。在此之前，凯撒一直与保利有业务合作，在多次成功接待保利的旅游团后，凯撒的经营风格和做事态度给保利留下了深刻印象，于是，他们联系到小兵，开始了与凯撒的重组洽谈。

这个计划吸引了小兵，他马上意识到，如果能够完成对保利国旅的重组，那么凯撒就可以得到这家旅行社最有价值的资产——出境旅游业务经营资质，从而成为与国旅、青旅平起平坐的国家一级旅行社，可以直接经营出境业务，不必再用迂回的方式。

不过，突如其来的“非典”打断了双方的谈判进程。但这件事却始终在小兵的心头萦绕，就算是在凯撒前途未卜的那段日子里，只要一想到这件事，他立刻就会睡意全无。因此当“非典”结束时，他认为再也不能耽搁下去。

这一年8月底，小兵去了一趟汉堡。他与陈茫对坐长谈，就像7年前他们在北京，陈茫决定开设代表处时那样。这场谈话涉及凯撒的过去、现状与未来，既有眼下的难题，也有可行之路，当然也包括了眼前的目标——关于重组保利国旅的计划。

当然，无论是陈茫还是小兵，他们都清楚最重要的是大方向上的共识，凯撒从最初只有单桩生意的地接社，发展成为实际上的专业的欧洲出境游旅行社，而在未来的10年里，凯撒还将会进行更多的完善，从而成为国内一流的旅游企业。

与当年不同的是，这一次谈话决定的不是小兵的去向，而是整个凯撒的未来。

几天后，一回到北京，小兵便着手推进他一年来所酝酿的计划。重组涉及大量细节，但推进速度却异常迅速，双方的股权转让工作从 9 月份开始，到 11 月就宣告完成。显然，无论是对于凯撒还是保利，这都是一次互利的交易。受到资本性质的限制，陈小兵在代表处的基础上组建了一家新公司，代替凯撒成为受让主体，在股权转让完成之后，代表处拥有了保利国旅 70% 的股份，一年后又收购了其余的 30%，北京的队伍从此更名为“北京凯撒国际旅行社”，不再是德国凯撒旅游集团的代表处，小兵也因此成为重组后的总经理、凯撒中国的创始人，可人们仍然习惯性地把汉堡和北京视同一体。

尽管经历了“非典”的严重冲击，但 2003 年，凯撒依旧取得了堪称辉煌的成绩。这一年，凯撒接待了 687 个公务团，总共超过 12 000 位中国人享受到了凯撒在欧洲的接待服务。

在年会的庆祝晚宴上，小兵破天荒地喝了不少酒，他和每一位同事干杯，趁自己还没有喝醉之前，他站起身来，向所有人大声宣布：

“新的一年里，咱们要大干一场！”

第七章

“咱们那个时候，中国人来欧洲玩一趟真是太不容易了。”那一天早晨，陈茫一边看着报纸，一边对朱晓惠说，“可你看看现在，只要想来，随时都可以。”

最近发生的一些事让陈茫感触良多，从2003年到2004年9月，继德国之后，一个又一个欧洲国家成为ADS国家，对中国游客敞开大门。再加上欧盟国家之间互免签证的申根协议，还有进一步放宽的签证条件。对于陈茫这一代华侨来说，这些障碍当年就如同关山万重，可当它被扫平的时候，居然就在转瞬之间。

当陈茫合上报纸，准备出门上班的时候，他若有所思地说：

“看起来，小兵那边有的忙了。”

陈小兵在前一天工作到很晚，可天刚刚破晓，他就完全醒了。6点钟一过，他就起了床，冲了个澡，为了让头脑清醒，他又到公园去跑了一圈。然后，他在去办公室的路上吃了个简单的早餐。在办公桌上，他拿起一份昨天的晚报看了看，很快就翻到了广告版，在那上面，各家旅行社刊登了密密麻麻的广告，每则广告的版面只有火柴盒那么大。他看到，除了旅行社名字和电话号码不同，所有广告内容都相差无几——“×国×天游，××××元”。

从2004年开始，多国连线游成了最受中国顾客欢迎的产品，无论是德法荷比卢经典五国游，还是时间更长的九国游，都在市场上得到了热烈追捧。所有的出境旅行社都在这上面大做文章，尽管路线差别很小，但其中一些却比凯撒的价格更低，吸引了不少顾客。

这个现象引起了小兵的注意，他为此召集了一次会议，专门讨论顾客心态。这种讨论过去常在他和陈茫之间进行。小兵认为这是个好办法，可以帮助大家更了解市场需求，因此他积极鼓励在全公司内多进行这样的讨论。

“他们的服务一定不如咱们。”有的业务员抱怨说，“如果用同样的服务标准，那他们不可能不赔钱。”

“我觉得服务好不好，顾客早晚会有公正的评价，至于别人是不是赔钱，那跟咱们关系不大。”小兵说，“咱们要跳出价格和服务想问题，客人到底是不是因为低价才去其他旅行社的。”

在讨论中，一线业务员的看法提供了重要参考，差不多每一个业务员都提到，顾客在报名参团的时候，格外看重的是到底会去几个国家。这似乎成了一种比较标准，每个顾客都想在最短的时间里，去尽可能多的国家。而导游们则反映说，客人的体力和热情都让人佩服，客人一到欧洲，根本无惧奔波之苦。大多数人认为，既然来一趟，哪怕晚睡早起，也要不虚此行。为此，甚至有客人抱怨欧洲司机们每天只工作 9 个小时实在太短，耽误了他们的行程。

最终大家得出结论，多国连线游之所以热卖，完全是因为顾客愿意尝鲜，他们中的大多数人是第一次去欧洲旅行，因此把欧洲之旅看作人生的宝贵经历。同时，还有相当数量的顾客认为这是自己一生中唯一一次去欧洲，因此希望尽量多走几个国家。导游们带团时甚至发现，当两个旅行社的团队在欧洲相遇时，客人们竟会互相攀比计划行程中的国家数量。

“那咱们就搞清楚了。”小兵说，“如果一款产品从表面上看不出差别，那些顾客又不了解服务标准，肯定是哪家价格低就选哪家。”

在搞清楚了顾客心态后。小兵坚信，鉴于欧洲刚刚开放，从未去过欧洲的中国人又实在太多，因此多国游的热潮将会在此后很长一段时间内持续。那么，沿着这种想法出发，凯撒可以努力做到不同，比如开发一款有差别的路线产品，这会确保顾客在众多旅行社产品中做选择时，优先挑选凯撒。

这个思路得到了大家的一致支持。接下来，小兵仔细对凯撒的所有目的地国家和产品做了一轮检查。结果他发现，相比其他旅行社，凯撒的条件要有利得多，这让他不禁对凯撒在过去几年里取得的成果感到欣慰。在过去的几年里，陈茫不遗余力地开发旅游资源，从酒店、餐馆、汽车到景点，以及与航空公司和各国政府的融洽关系，凯撒因此有大把的现成资源可供使用，就像一大盒各种形状的积木，可以按照想法随意拼搭。

这让小兵想到，既然凯撒在产品设计上有优势，资源都是现成的，那只需要计算一下成本，把现有产品做一次调整，立刻就能通过重新组合的方式，开发出与众不同的新东西，把顾客的注意力吸引过来。

于是，在得到瑞士大使馆和航空公司的支持后，凯撒重新改造了自己的九国游产品，里面加入了瑞士，并用最快的速度把它推向市场。

尽管只多出了一个国家，并且，旅游团在瑞士停留的时间并不长。可事实证明，这正是顾客想要的。这款产品变成了凯撒在市场上独具竞争力的热销产品。比起利润，小兵更重视它的附加值——有相当多的顾客通过这款产品开始接触凯撒。

这一次的成功让他越来越坚信，产品的最终目标并非利润，而是打造公司品牌。同时，这个想法反过来也同样成立，一家旅行社的品牌，正是靠持续不断的优秀产品来巩固的。

2004年的“五一”期间，葛牧飞到了德国，作为凯撒旅游的代表，她要参加这一年的德国旅游交易会。在交易会上，德国旅游局发布了2006年德国世界杯的相关信息。在此之后，凯撒立即启动了自己的“世界杯之旅”产品。小兵希望能够专门为顾客量身打造这款产品。“能专门去德国看球的客人，都有相当的经济实力，我们要设身处地地想清楚，他们需要什么样的服务。”

考虑到观赛客户的感受与安全，凯撒通过国际足联的官方机构，为每一位客人购买了VIP球票，以保证他们享有最好的看台位置、贵宾通道和休息区待遇，避免拥挤与冲撞，并全程享受公务舱与五星级酒店服务。与此同时，还安排了适量的周边游览，以缓解长途飞行的疲劳。

和多国游、一地游这些产品相比，“世界杯之旅”并不是一款常备产品。不过，陈茫和小兵却认为，凯撒参与其中乃是理所当然。对于欧洲范围内的各类热点，他们始终保持着极高的关注度，就像陈茫所说的那样，“既然我们是欧洲旅游专家，那欧洲的事怎么能少得了凯撒呢？”

2

李京学发现，现在每个西欧的大城市里都有中国旅游团。在阿姆斯特丹、巴黎或者罗马，不管你走到哪家酒店，总能听见走廊里此起彼伏的中文；大街上到处都能看到中国游客就餐、观光和购物的场面。他最近刚刚被任命为德国凯撒的入境部经理，负责统管全部的地接业务。

“我觉得，现在的旅游团比前几年真是多太多了。”在办公室上班的第一天，李京学对陈茫说。

“我觉得，以后还会更多。”陈茫回答道：“不过，以后你从电脑上就能知道详情，不必亲自到现场去看了。”

陈茫指的是凯撒刚刚实施的信息化改造，他和小兵都认为，在大势面前，凯撒没有理由置身其外，何况，便利的工具会让公司运转的效率提高。于是，他们投入了一大笔资金，根据凯撒的业务特点设计了专用的业务系统，从上面可以清楚地看到每个团队的状态，以及凯撒在欧洲全部的资源储备。

无论作为当年的代表处负责人，还是作为现在的北京凯撒旅游公司总经理，小兵始终能感觉到陈茫对于自己的帮助。在初期，这种帮助是经验、资源与可靠的后盾，随着凯撒业务的逐渐延展，这种帮助则越来越多地体现在忠告和建议上。

每次回到国内的时候，陈茫都会在公司里走上几圈，有空的话，他还会和各个部门的人聊上一阵。他总是关注业务上各种不起眼的细节。比如说，他经常叮嘱办理签证的人员一定要尽量细致，把所有注意事项讲清楚，逐条逐项地向销售人员和客人说明白，以保证送签材料万无一失，尽量在使领馆一次获签。起初，小兵以为陈茫只是顺便为之，直到有一次陈茫对他说起了自己的想法。

“小兵，咱们两个都是从最基础的工作开始做旅游的，我想你也能明白。”他说，“服务无小事，哪怕是百分之一的疏忽，最后也会变成百分之百的错误，有时候还可能是灾难。”

小兵很清楚陈茫所指的是什么，签证并不是一道简单的手续，它和食宿交通一样，都属于旅行社对顾客的服务范围，并且还是整套服务的第一步，在这上面任何一点微小的纰漏，都可能导致无法顺利出签，从而影响顾客对凯撒的信任。而比这更为严重的是，如果旅行社不做任何甄别，而漏过了一些怀有其他目的而出国的人，“那损失的将是我们在使领馆眼中的信誉，很可能会毁掉整个凯撒。”陈茫说。

因此，凯撒很早就生成了一项传统，那就是对签证的重视。小兵不仅要求签证人员格外仔细地对待每一份送签材料，他和经理们甚至会亲自审核每一份护照，以杜绝陈茫所说的“毁掉整个凯撒的危险”。

现在，每个凯撒人都看得出来，在重组了保利国旅之后，凯撒已经迈上了一个新台阶。这不仅是指资质和客流量，更多的变化在于品牌效应。在北京，小兵提出了一个“欧洲旅游专家”的口号，这与市场上“去欧洲，找凯撒”的顾客印象结合在一起，形成了一唱一和的良好呼应。

陈茫发现，凯撒的业务已经牢牢跟公司的品牌绑在了一起。比如他发现，最近两年，欧洲新成立了一批华人地接社，但顾客却不太愿意选择它们。他在心里琢磨过这个状况，最后他从顾客那里验证了自己的答案。

那一天，恰好一个旅游团在汉堡停留，陈茫装作普通工作人员陪着客人吃了一顿团队午餐，他的左手边坐着一位头发花白的老先生，趁着饭后茶歇，陈茫问道：“您对凯撒的服务还满意吗？”

“很不错。”老先生回答道：“我们这个导游是位厚道人，素质很高，酒店也挺舒服。”

从交谈中，他发现这位老先生过去在印刷厂工作过，这段共同经历拉近了他们的关系，于是陈茫进一步追问报名参团的过程。

那位老先生告诉陈茫，在自己还没退休的时候，印刷行业协会曾经组织过考察团，他正是在那时候听说凯撒的。

“那你们为什么没报其他旅行社的团呢？”陈茫又问道。

“因为凯撒更放心呀。”老先生抬起了头，惊讶地看着陈茫，好像他在问鱼儿为什么会住在水里一样。“好不容易出来一趟，肯定要选放心的。凯撒做了这么多年，大家都说好，那估计就错不了。”

在国内，同样接触过一连串顾客之后，小兵坚信凯撒正在沿着一个正确的方向前进。充足的资源储备既保证了接待能力和应急能力，让凯撒在旅游旺季和紧急情况下不至于手忙脚乱；同时，它也让凯撒在设计产品时有更大空间。在这些资源中，相当一部分甚至是独家资源，比如在“非典”期间凯撒和合作者通过共渡难关所结下的情谊。对于同行来说，这些就像是一道需要苦苦跨越的鸿沟。有鉴于此，小兵把这些称为核心能力，对于这个概括，陈茫认为相当准确。

3

2004年9月，为了庆祝欧洲向中国游客全面开放，凯撒组织了欧洲首发团。在广告海报上，“欧洲旅游专家”的标题格外醒目。小兵本打算将这个口号当作凯撒未来的定位，结果却成了招牌。首发团的名额一售而空，有不少顾客后来对他们的导游说，他们就是被这句话打动的。

“客人能这么想当然是好事。”小兵对同事们说，“不过我觉得，咱们的能力连两成都没用上，能做的事还有很多很多，在这之前，凯撒还算不上真正的专家。”

现在，作为凯撒中国的创始人，小兵觉得不能只顾埋头拉车，也要随时抬头看路。他这个人事事都喜欢冲在前面，从来不甘心当旁观者。在重组了保利国旅之后，这种愿望就更强烈了。

关于未来的发展，小兵有一个宏大的想法。在他看来，凯撒不能只做一个产品设计者，在国外大行其道的旅游产品批发商模式，既不适合凯撒，也不适合中国国情。

有在市场上摸爬滚打的经历，小兵很清楚旅行社在国内的市场环境该怎样活下去。如果要获得最大的自由度，那就要争取更多的空间。凯撒至少先要做到对业务的所有环节都有所掌控，拥有从产品设计、零售体系、市场营销再到地接服务的全版图。人人都看得出，这是一条艰难的路。

“不过，想要做到最好，那就只能选最难的路。”小兵说。

为了把零售体系掌握在自己手里，小兵试着在北京开设了两家直营门店，他要从直接获取顾客开始，只等恰当的时机，便一步步实现整个计划。

现在，借着欧洲全面开放的好消息，凯撒的业务增长迅猛，旅游旺季竟然被客户的热情延长了，即使在欧洲的天气已经冷下来之后，仍然有人愿意出去玩，这可是过去10年里从未有过的——许多旅游行业人士据此认为，繁荣会长期持续下去。

多国连线游产品继续在市场上得到追捧。现在，凯撒正蒸蒸日上，新人一批批加入，而老员工们则越来越老练。新业务也不断扩充，在汉堡，陈茫在几年前成立了一个本地定制部，专门服务那些在欧洲生活的华人，为他们提供欧洲范围内的旅游产品。但与此同时，陈茫却感到，凯撒远没有到坐享安逸的时候。在火热的市场之下，他察觉到了一些微妙的迹象。比如，他从导游那里听到，已经有客人觉得多国游不够尽兴，有些客人对导游抱怨说，在十多天的时间里走10个国家，旅行和走马观花没什么区别。

在汉堡的办公室里，陈茫和李京学聊起了这个话题。这两个人已经在旅游行业里工作了20年，因此他们都觉得，没有什么事是需要回避的。

“这种玩法，玩一次足够了。”陈茫对李京学说，“要是第一次去阿姆斯特丹，看看钻石加工厂和风车村还不错，可再看一次都觉得多余。”

“还好他们不必像我那样看几百遍。”李京学回答道，“不然的话，估计咱们要给客人发工资才行。”

导游们还有一些其他反映，比如在这十几天的行程里，旅游团至少要换六七家酒店，在各国之间来往，主要的交通工具是大巴车，再加上时差带来的疲劳，最后连导游们都觉得这旅程有点疲于奔命。

“对于第一次来欧洲的人，多国游当然是个好选择，但在这之后呢？”陈茫最后说，“我敢打赌，多国游玩一次就足够了，没人会把钱浪费在两次相同的旅程上。”

就在陈茫与李京学讨论顾客心态的时候，在北京，小兵已经着手开始新的产品开发计划了。

和很多人一样，小兵相信多国游产品的生命力还会延续一段时间，但他也是个理智而冷静的经营者，比起情感，他更相信自己对市场的判断。市场不会总是一成不变，顾客会变得成熟，也一定会诞生更多有深度的需求。比如凯撒的客户大多数都是国内的富裕人群，他们的教育程度和经济能力，造就了卓尔不群的品位，一款多国连线游产品，根本无法满足他们对出国旅游的需求。

随着业务的扩展，小兵有机会接触到各行各业的管理者。通过交谈，他渐渐感觉到，中国很难沿着循序渐进的方式来发展，在这样一个特殊的市场里，最基础的需求和最深的需求很可能会长期共存。因此，作为企业，只有提供多种类型的产品，才能最大限度地满足各种类型的需求。做不到这一点，就无法对顾客构成持续吸引，更无从谈到凯撒品牌的持续经营。

这让小兵想到，凯撒是时候推出更多的新产品了，这关系到整个公司的未来。于是，他在公司的工作例会上向员工们宣布：

“当大多数人都在关心怎样卖得更多的时候，我们得抢先一步，看一看接下来什么更好卖。”

4

2004年，凯撒的旅游团数量和接待人数双双创造了新纪录。不过，只过了短短数日，大家就觉得这个纪录已经是很遥远的事了。公司又回到了往常那极其忙碌的节奏中。对于葛牧来说，情况就更是如此。

小兵定下了凯撒新产品的方向，那就是深度一地游。与多国游相比，它的时间相差不多，但路线只限于单个国家，因此，游客将会更充分深入地领略一个国家的风情。接着，小兵要求大家去做一些市场调研，观察一下顾客的反应。不出所料，有相当数量的顾客表示这个想法很有趣，并且愿意尝试。

“确认了这一点，我们就更有希望成功了。”小兵说，“那么，咱们还得选一选，看看哪些国家最合适。”

在行业内的几年时间里，小兵有一个宝贵的感悟——文化才是旅游的精髓所在。

“客人出国旅游，表面看上去是在吃饭、睡觉、看风景，但他们其实是在体验当地的文化。”小兵说，“那么咱们就要在路线里突出当地文化的特色，最好能给产品找一个独特的主题。”

于是，沿着这个思路，小兵开始带着整个团队仔细检索欧洲诸国的信息。最终，有五个国家被纳入第一批名单，它们分别是德国、瑞士、法国、意大利和希腊。这几个国家不是风景柔美，就是特色盎然。最重要的是，这些国家都有深厚的文化积淀。

新产品的研发并不容易，过去的经验用处实在很有限。因为通常的多国游路线，不是著名城市，就是最负盛名的传统景点。但一地游却完全是两码事，对那些已经去过欧洲的顾客来说，传统线路毫无吸引力可言。因此，想要让人眼前一亮，就必须拿出点新鲜东西来。

在小兵的主导下，凯撒拥有了5款完全不同的产品，每一款都拥有独特的名字和内容。比如，在“法兰西色彩之旅”的9天行程里，客人将会在普罗旺斯看到紫色的薰衣草、在南部小镇奎尔看到金色的向日葵、法瑞边境白雪皑皑的勃朗峰、蓝色的地中海，以及五光十色的炫彩巴黎。在“意大利艺术之旅”的9天行程里，观赏的重点则被放在了艺术鉴赏上，客人可以在古城佛罗伦萨停留下来，感受文艺复兴之都的艺术氛围。

尤其令人拍案称绝的是瑞士的一地游产品，它准确地把瑞士的特色和国人对那里的印象结合在一起，7天的行程中，客人将饱览瑞士著名的日内瓦湖与阿尔卑斯山景，亲眼看到传说中的瑞士木屋。在从前的多国游产品里，旅游团往往只在城市停留，根本无从见识这些壮丽景色，最终，这款产品被定名为“瑞士湖光山色之旅”。同时，所有的产品都配备了所在国的风味餐食和特色住宿，客人每天乘车的距离、在每个景点停留的时间都经过精心考虑，以保证最佳的游玩感受。

“从产品的角度看，我们的东西不错。”小兵说，“但是这还不算完。”

接下来，大家专心地听他讲了一下自己的计划。

“大家觉得怎么样？”小兵说完之后问道。

“我们一定要这么做吗？”一位经理提了个问题，“那儿的费用可不便宜。”

“我们可能不得不这么做。”小兵回答说：“我们的产品不错，这不假，但说老实话，深度游这样的产品，市场上转眼就会冒出来一大堆，我们得抢先一步给顾客留下深刻印象。用一款产品打出品牌，所有的产品就都能跟着带出去。”

在随后几天的大部分时间里，小兵和北京凯撒几个部门的业务骨干一直聚在一起，反复讨论新产品的营销方案。从媒体广告的画面色彩、文案中某个词的用法，到代理商门店里海报的位置、销售人员的推介技巧，每一个方面，他们都力争做到与众不同。小兵反复核查了这些计划，以确保没有遗漏任何一个方面和细节。

那一天早晨，小兵坐在办公室里，仔细读着《精品购物指南》上那则占据了半个版面的广告，迎面是瑞士的雪山和湖泊，景色如同风景画上所画的那样。在画面的正中央，“瑞士湖光山色之旅”的主题格外醒目，在下面还有一行清晰的文字“瑞士七日深度游”。

从这一天开始，每一天的上午，凯撒的业务人员都会给代理商打电话，以了解广告产生的反响。一开始，他们收到的还只是对广告的赞赏，但不久，就开始不断有客人上门询问。到这一年“五一”黄金周的时候，凯撒的一地游产品一售而空，其中既有品味独到的新顾客，也有过去几年里的忠实用户。环顾市场，当竞争对手注意到这个现象的时候，凯撒的第一批团队已经在勃朗峰的山脚下欣赏皑皑白雪了。

5

在德国的十多年里，陈茫已经习惯了高纬度地区的生活。夏天的时候，太阳总是磨磨蹭蹭不愿离开大地，要到八九点钟才算有个黄昏的样子；而冬季则恰恰相反，早上 8 点还是漆黑一片。除此之外，这里的冬天也格外寒冷。

在个人生活上，陈茫对这种季节特点毫不介意，他甚至觉得这些很有趣。但从业务上看待就完全是两码事。因为这种物候特征，使得冬季成了欧洲的旅游淡季。每年从 10 月份开始一直到第二年的 4 月，除了南欧个别地区，整个欧洲的景点都门庭冷落车马稀。显然，不会有什么人愿意在这个季节跑到欧洲，去吹北大西洋的冷风。

最能说明问题的就是业绩，凡是经营欧洲业务的旅行社，在淡季里基本毫无利润可言。这和旺季里的情形形成了极为鲜明的反差。

借着回国参加旅游交流会的机会，陈茫向小兵讲述了对于淡季业务的看法。

“我一直在琢磨这件事。”这是小兵的第一个反应。接下来，他开始说自己的担心，“现在，凯撒基本上都是欧洲业务。大哥，你知道这意味着什么吗？”

陈茫很清楚小兵指的是“非典”那种情形，或者是其他一些不可预测的黑天鹅事件。对于业务全部集中于欧洲的凯撒来说，一旦出现那样的情况，结果都将是灾难性的。而后，他听见小兵说起了另外一些担忧。

“凯撒现在的产品都在欧洲，咱们最近正在筹划一个德国自驾游的产品，效果估计也不错。”他顿了一顿，又接着说了下去，“可是客人不会只去欧洲，他们还会去美国，去日韩，去海岛，去其他地方，最近我听到很多这样的需求。如果咱们只有欧洲的产品，那想留他们也留不住。你们在那边干得这么辛苦，好不容易留住几个客人，最后又跳到别人家去了，那就太可惜了。”

小兵坐在椅子上，他沉默良久，然后说：“我觉得，是时候想辙做点别的了。”

在此后的一段日子里，小兵甚至在跑步的时候，都在想着这件事。

对于目的地的选择，小兵翻来覆去地考虑了不知多少遍，他可以肯定的是，如果凯撒要开辟一块新业务，那它最好能和欧洲形成互补。他想到，这种互补不仅仅是季节，还有其他一些方面，比如欧洲是长线旅游，飞一次要十几个小时。即使是旅游的发烧友，一年也去不了几次。

这让他想到，如果要为凯撒找一块互补业务，热带地区的短途产品，显然就是那个最合适的选择。他的脑子里立刻浮现出一幅世界地图，在一番快速的筛选之后，这幅地图上最终只剩下了一小片亚洲区域，就在中国的东南方。

作为中国人的旅游目的地，东南亚的旅游市场开放得更早，在20世纪90年代初，“新马泰”这条旅游路线曾风靡一时。多年下来，东南亚地区已经是一块旅游熟地，从景点、酒店和餐馆，都有大把的现成资源可供使用。由中国前往东南亚的航班频繁、交通便利。同时，东南亚地处热带，不受冬季的影响，如果凯撒能成功切入这一市场，将会跟现在的业务形成很好的互补。

不过，要开拓这一块业务，困难也很明显，在欧洲，凯撒经营了十多年，在东南亚却毫无基础，没有自己的地接力量，没有合作伙伴，经验也接近于零，无论是产品部门的人，还是计调部门的人，都不清楚东南亚业务里丝丝入扣的各种细节。而这些细节，正是保证一家旅行社是否赢利、顾客是否满意的关键。

在小兵的估量中，困难还远远不止这些。凯撒在东南亚从来都未曾有过业务，因此一到旅游旺季，凯撒将会很难从航空公司采购到足量的机票。

不过，这些估计中的困难，并不能使小兵开拓东南亚市场的愿望消退半分。尽管已经开放多年，东南亚依然是中国人最重要的旅游目的地，只冲这一条，凯撒就有理由去拿下这块业务。

小兵决定由陈杰去尝试着开辟东南亚市场的业务，在过去的几年里，这个曾经的大学生成长得很不错，他所管理的山西市场还创造了一个阶段性的收客纪录。

“我们一定要去试一试。”在办公室里，小兵对陈杰说，“只要有机会，那咱们的杯子里就至少还有半杯水，而不是少了一半。”

6

“如果一个人在一年之内可以给自己安排一到两次出国旅游，那么他会是个什么样的人？”在北京凯撒的会议室里，小兵问他的经理和主管们，“有人想过吗？”

“肯定不是一般人。”赵欣回答说，“一趟旅游下来，他至少得花两三万元钱，这还是在只有他自己的情况下，如果再带上家人，那花销就更大了。”

“而且这笔钱只是他的娱乐消费。”叶伟接过来说，“花这笔钱就为了玩一圈。”

“所以说，咱们的顾客不只是消费能力强，品位也很高。我想，无论在哪个行业，都可能有这样一群顾客。”小兵说，“这些年下来，咱们也积累了不少客户，很多客户还是互相介绍过来的。如果把这些客人牢牢吸住，凯撒就等于有了一个了不得的客户群，到那个时候，只要咱们的产品和服务能跟得上他们的品位，那可以做的事就太多了。”

接下来，小兵看着在座的所有人，突然说：“像你们这些总是在出差的人，基本都是航空公司的会员了吧，有人还不是会员吗？”

经理人们笑了起来，因为他们明白了小兵的意思。

2005年，凯撒成立了自己的会员俱乐部，那些凯撒的忠实用户成为第一批会员，每位会员都拥有自己的积分，既可以用来兑换商品，也可以在报名参团的时候抵扣现金。除了各种常规的活动之外，会员俱乐部还创办了一本会员刊物《凯撒生活》，用免费赠送的方式供会员阅读。

如同他一直在说的那样，小兵越来越坚信，在服务行业中，顾客的感受与信任是第一位的。在这点上，陈茫在过去10年里为凯撒打下了一个好根基，这些是靠导游、计调，以及无数合作伙伴的努力换来的。那么，在凯撒的第二个10年里，尤其是在凯撒中国创立之后，用更多样的手段来加强这种关系，是理所应当的。

在过去的一段时间里，曾经有若干家旅行社找上门来，希望成为凯撒品牌的使用者，为此，他们甚至开出了利润分成和品牌使用费的双重条件。每当这种时候，小兵总会想起他办公桌上的那辆奔驰车模型，它似乎在提醒着他百年老店的卓越究竟要靠什么来维持。因此，考虑到服务品质可能无法得到有效控制，小兵最终拒绝了所有这方面的合作。

“我们不能为了一点眼前利益去冒险，”小兵后来说，“服务品质这种事，还是抓在自己手里更让人放心。一家公司规模大、赚钱多，可这些跟顾客有什么关系？对顾客来说，唯一有价值的就是我们提供的服务。”

当魏灵作为专业财务人员加入凯撒旅游时，她发现实际情况与想象中完全不同。在她的印象里，旅行社都是门脸狭小的街边小店，而位于国门大厦的凯撒却窗明几净，给人相当舒服的感觉。这让她立刻做出了留在这里的决定。

在小兵的设想中，财务部门应该用自己的专业能力，为公司的经营提供参考，而不是只做一些记账对账的工作。因此，他希望魏灵能尽快对旅游业务有详尽的了解。于是，在接下来的一段时间里，魏灵把自己工作之外的精力都放在了学习上。她观察每一个流程与板块，分析其中要花掉的成本和利润。不过，在她的观察中，让她感受最深的还是凯撒的增长势头。

作为一个新凯撒人，魏灵发现她的上司小兵不肯放过任何一个可以提高凯撒知名度的机会。它建起了自己的官方网站，邀请旅游爱好者来撰写游记，在刚刚时髦起来的博客上发布旅游知识，以及各种各样的会员活动。

当然，在这一片欣欣向荣的景象之中，也有令人烦恼的事情，其中之一就是深度游产品的销售并不顺利，在打响了第一炮之后，这些产品就像刚完成冲刺的运动员一样一下子停了下来。小兵检查了产品，又回访了顾客，最后他坚信无论在内容上，还是服务上，深度游产品的品质都无可挑剔。但实际情况却是，有时一个旅游团到了规定的成团日期，却连预计的目标人数也达不到。

对于这种令人尴尬的状况，陈茫用他多年的经验很快给出了答案——问题并非出在凯撒一边。比起多国连线游这类常规产品，深度游的团组规模很小，又匹配了高标准的服务，因此提高了售价，而这样一来，能买得起的人就会少得多。“人人的确都想出国，但有消费能力的可能连十分之一都不到，能负担深度游的人就更少了。”他说。

鉴于这种状况，有人向小兵提出建议，是否有可能通过调整服务标准来降低售价，以争取更多顾客，毕竟，这至少可以保证凯撒在深度游旅行团上不至于亏损。但小兵却坚决拒绝采纳这个建议，他认为，短期收益并不是公司的唯一目标。

“赔点钱没什么大不了的，何况我们在常规产品上的盈利，完全可以负担这部分亏损。”小兵把产品部门、市场部门和销售部门召集在一起，对大家说：“我要说的是，我希望大家都能理解旅游的本质是什么。

“我们在座的各位都不是第一天做旅游了，旅游产品不像机床和电视机，它就是一个过程，没法用转数和清晰度来评价它，它的标准都是软性的。对顾客来说，一个过程是美好还是糟糕，标准只有一个，那就是他们的体验和感受。

“我想再提醒大家一句，能影响感受的并不只是漂亮景色，客人吃什么、住什么、坐什么样的车，这些也是体验的一部分。”

小兵停顿了一下，接下来，他的声音突然变得严肃起来，“凯撒能有今天，靠的就是始终保持对客人的高标准服务，这是多年积累下来的最大财富。因此我希望大家记住，我们的顾客能花几万元钱，只为出国玩一圈，那他们无论在消费能力上还是品位上，都是国内最顶尖的一群人。对他们来说，并不是越便宜的东西越好。

“有些时候我们需要一些耐心，市场需要时间来变得成熟，有些需求需要我们做引导。”

说到这里，小兵把两只按在桌面上的手抬了起来，在走出会议室之前，他说：

“无论怎样，哪怕我们的旅游团只收到一个人，也要照常出发，承诺怎么做就怎么做，服务标准一丝一毫也不能降低。这是我们对顾客的价值。”

7

到2006年，凯撒中国已经拥有了100多条欧洲线路。现在，面对记者的提问时，陈小兵可以相当自豪地宣称：在欧洲线路上，我们的产品线是最丰富的。

为了进一步扩大这个优势，凯撒做出了一系列新动作，其中之一是成立了一个叫作“主题旅游部”的部门。每个月的销售报告显示，购买深度游产品的客人慢慢多了起来，这说明市场需求确实在加深。

鉴于这一点，小兵认为，凯撒没有理由不在产品研发的方向上继续发力，用更多的产品来强化顾客对凯撒品牌的认识。就像他在面对记者采访时所说的那样——“尽可能做到家喻户晓”。一方面，他要求主题旅游部保持敏锐的嗅觉，以便利用时髦热点来做文章；另一方面，对于那些现有产品，也要不断深化。他用“挖井”来形容这项工作，用他的话说，“找新井和深挖老井，都能得到更多的水。”

凭着丰富资源和对旅游本质的理解，凯撒的两口井都产出颇丰。在主题游的开发上，小兵灵感忽现地想到，婚礼似乎是个相当不错的主题，因为新派的年轻人已经不满足于传统的婚礼套路，那么为什么不能为他们办一场海外婚礼呢？当婚礼和出国这两件事连在一起，绝对是最新鲜的体验，在旅游行业里，还从来没有人这么干过。

这个点子推动着他们立刻联想到浪漫国度，希腊和法国因此被纳入实地考察范围。在确定了爱琴海和城堡两种形式之后，产品很快就进入了更细致的设计阶段。而针对消费能力最强的顾客，主题旅游部将深度一地游加以改造，加入了公务舱航班和五星级酒店住宿，将其升级为豪华游产品。

沿着一贯的方式，凯撒用强有力的推广来配合这些新产品的营销。他们只挑选那些最受欢迎的平面媒体，然后不惜投入精心制作广告内容。市场部的张蕤在一年前加入凯撒，这位学德语的姑娘发现，小兵的挑剔并不只限于她所负责的官方网站。比如在一起讨论广告方案的时候，小兵坚定地认为，广告是品牌的一部分，或者说，广告干脆就是凯撒的一款产品。在一个加班的深夜，当所有人都因为不断推翻的文案而心生疲意的时候，小兵扔下了一句话：“如果你们都同意这样的广告可以代表凯撒，那就用这个好了。”

那天回到家后，小兵有些担心自己的激将法是否会伤害到大家的感情，不过仅在一天之后，他发现自己的担忧完全没有必要——一份完美的方案正摆在他面前。合作媒体的看法更让大家欢欣鼓舞，报社和杂志社的版面编辑都认为，凯撒的广告让他们的杂志变得更美观，而不是更枯燥。

销售人员很快就发现，这些新产品得到了应有的反响，即将结婚的年轻人对海外婚礼大为热衷，准新娘们一看到广告就两眼放光；而那些总经理和工厂主们则对豪华游青睐有加。这验证了小兵的判断，富裕人群在意的从来都不是价格，而是舒适的感受。

作为凯撒中国的创始人，在小兵的规划中，产品结构的完善是多方位的。兄弟二人都很清楚，要实现他们的计划，凯撒必须在各个方面都准备周全。比如，小兵觉得，为了进一步吸引顾客，凯撒完全可以顺应他们的需求去多做一些事。再如，小兵了解到，有些顾客除了出国，还希望在国内旅行。于是，北京凯撒成立了一个国内部，专门服务这一类需求。

迟佳培是国内部的计调人员，这是他大学毕业后的第一份工作。一段时间之后，他发现自己面对的难题不小。一方面是他面对的顾客大部分都是富裕人群，对产品和服务要求很高；另一方面，国内那些出名的景区，顾客很可能比他更熟悉，因此要把产品设计得既有新意又有品质真是难上加难。这让这个身材高大的小伙子很是发愁。

那一天傍晚，同事们都去吃晚饭了，迟佳培仍然在自己的位子上冥思苦想，他用笔在纸上划着，记下一些好不容易才得到的想法。忽然间，他感到有一只手拍在他的肩上，他回过头来，发现陈小兵正站在他背后。

“佳培，想要让客人满意，其实靠的不是灵机一动的点子。”小兵说，“旅游是个过程，无论哪个环节做不好，客人的感受都不会好，反过来也一样，哪怕只去了一趟泰山，但只要处处满意，客人就会认可你。”

说完这句话，小兵又在迟佳培的肩上拍了一下。

小兵的这番话让迟佳培想到，他似乎应该回到原点，先把最基本的旅游运作原理搞明白。从把客人带到目的地到食宿安排；接下来则是怎样将过程安排得更合理，让客人的感受更舒服；而后再开始考虑如何创造特色。他随即调整了方法，随着日子一天天过去，迟佳培终于感到，对于工作，自己正变得自信起来。

8

2006年2月的一天，在位于汉堡的陈茫家里，电唱机一直在放着门德尔松的钢琴独奏曲《春之歌》，李京学、范轩和其他一些老员工正聚在一起共度春节。陈茫很喜欢这样的时刻，饺子、年夜饭和鞭炮，这些东西让他很容易想起故土。尽管在德国已经18年，但在内心里，他永远是一个中国人。

看着满屋子的人，陈茫想到，维系他这种情感的不只是记忆，还有现实因素。尽管凯撒在欧洲起步，但市场却在中国。在过去的一年里，他花了更多的时间往返于欧洲与中国之间，去维护各种社会关系、参加旅游交易会、与小兵讨论下一步该做些什么。他预感到，这种情形在新的一年里可能会更频繁，因为他发现，国内的经理人们干劲冲天，在他们的努力下，更多的产品和营销计划正一刻不停地冒出来。而这些，都与小兵无法分开。

现在，陈茫对自己当年的选择感到非常庆幸，无论是作为兄长，还是德国凯撒的创始人，他都认为自己的选择是正确的。

直到客厅里响起手机铃声，陈茫的思绪才被打断，他看见李京学放下筷子，从椅子上弹了起来，向自己的大衣走去。

“京学，今天可是过年，你能不能把电话关了，咱们踏踏实实吃顿饭。”陈茫说。

“我得处理一下，肯定是哪个团出了岔子。”李京学答道：“你也知道，凡是找到我这儿的，都是急事。”

这让陈茫不禁更加感慨，干旅游这一行的人，生活就是这个样子。2006 年，凯撒的利润和营业额双双创造了新的纪录。作为战略规划的制定人，这个业绩并不出陈茫的意料，唯一让他感到意外的是国内凯撒的员工，这些年轻人工作起来竟像是自己跟自己较劲。为了一则广告语，他们可以一直讨论到深夜。

陈茫发现，整个凯撒正在步入一个新阶段，小兵已经为这家公司注入了一系列理念——重视对顾客的服务、把销售看作公司的生命线、通过管理追求效率的不断提高，以及像对待家庭成员一样对待每位员工，同时又在工作上务必严谨仔细。

这让陈茫开始相信那个理论，一家公司的领导者是什么风格，这家公司最后就会变成什么样子。

对于这样的工作节奏，小兵已经倾向于认为，这就是生活的一部分了。

小兵已经不太清楚，自己究竟从什么时候开始，要用这样的状态度过一整天了：早饭前，他在某家酒店的茶餐厅与人握手；午饭前，他在公司的会议室里参加部门讨论。不过，在无法避免的晚宴和商务会晤之前，他仍然能在下午挤出时间去见记者、合作伙伴或者行业主管部门。与此同时，他还从来都不会错过经理们的每周例会。对于凯撒那些新成立的部门，他往往亲自兼任经理，只为参与得更深入。晚上，上床睡觉之前，他会打开电脑，挨个回复工作邮件，然后还会在一个卷了边的黑色记事本上匆匆写下一串事件——尽管有秘书帮助，可他还是习惯于自己提醒自己下一天的行程。

小兵对一日三餐的要求不高，除了应酬就是工作餐。一天中午，看见他在会议室里又吞下一份盒饭后，一位同事忍不住和他开了个玩笑，“陈总，您大概也得算富人了吧？”

对于这个问题，小兵不置可否地嗯了一声。

于是这位同事又问道：“你看，你有钱还吃加班饭，那有钱和没钱有什么区别呢？”

这引发了小兵的感触，他想了一想之后答道：

“我可能确实不用为钱发愁了，但假如我现在把所有的财富都兑成钞票，然后坐在沙发里数它们，那又有什么意思呢？那是点钞机该干的事儿。”他向椅背上一靠，然后接着说，“有些人的快乐来自于财富，有些人的快乐来自喝酒打牌，其实我和他们一样，只不过让我觉得快乐的东西，是工作而已。”

在2006年前后，北京凯撒旅游和陈小兵拿到了一连串的行业奖项和个人奖项，此外，还有数不清的“最佳合作伙伴”。业界普遍认为，在未来的10年里，凯撒将会有极大的发展空间。在一次颁奖仪式上，主持人向小兵提了一个问题：凯撒是否会追求成为中国出境游市场的领军者。

对着台下的众多来宾，小兵回答说：“凯撒还有很长的路要走，还需要继续努力。”

对于这句话，主持人礼貌地笑了一笑，她显然把这视为中国文化中特有的谦虚之词。而当小兵走下颁奖台时，他忽然想到，无论是对于陈茫还是自己，以及国内国外的凯撒同事来说，事实就是这样。对于凯撒将要实现的计划来说，的确有太多的事要做，现在还远远不到可以自满的时候。

第八章

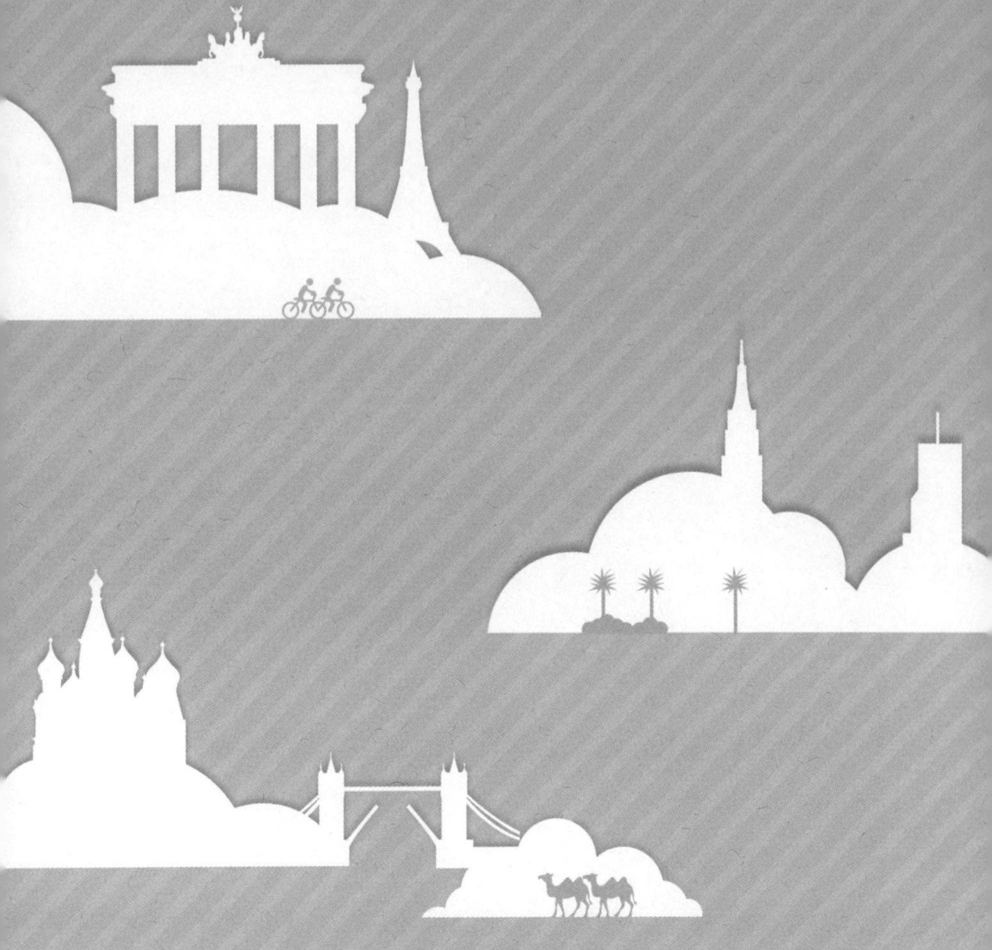

尽管要飞行十多个小时，但陈茫还是经常返回国内。每次回来，陈茫的行程通常都排得很紧，参加旅游交易会、拜访合作伙伴、与小兵讨论业务……北京办公室的凯撒员工发现，这兄弟俩最大的相似之处，就是他们似乎都不知道疲倦为何物。

对于陈茫和小兵来说，繁忙是本能，也是习惯，当然，也因为他们把凯撒视为自己的事业。有一次，在一场交易会的间歇，兄弟二人竟然比起了谁的精力更旺盛。另外一次，在北京开车时，范轩看见路边有人跳广场舞，于是他和陈茫开了个玩笑，问他会不会在退休后也这样生活。

直到多年之后，范轩还记得陈茫当时的表情，他大声反问道："我？我怎么会有时间跳广场舞，我还有那么多事没做呢。"

2006年，鉴于德国凯撒的业务运转越来越成熟，陈茫意识到，自己似乎可以脱出身来，把精力投放到更广阔的领域，通过其他方面来对凯撒形成助益。比如在过去的几年里，他一直努力把《欧洲新报》办得更好，对于这份报纸，他寄予厚望，希望有朝一日它能够成为一份欧洲华人的高端读物。

在创刊之初，陈茫和范轩经常反复讨论，他们都不希望《欧洲新报》变成一份广告传单或者偏激的政治读物。"如果我们做一份无聊小报，那还有什么意思。"陈茫反反复复把这话说了许多遍。

因此，《欧洲新报》选择了看似不讨好的工商经济、时事政治和旅游博览作为内容的主打方向，辅以艺术收藏和文学品鉴，并且坚持中立客观的立场。这个定位选择，把读者范围聚焦到华人工商人士和学者、学生之间。有一次，在一个报界论坛的活动上，有人疑惑地问陈茫，这种定位是否会影响报纸的发行量，陈茫看了他一会，然后慢慢地说：

"如果是为了利润，那么我想，我们完全可以把旅游业务经营得更好。"他答道，"况且，我不觉得一份好报纸会永远只有少数人读它。"

现在，范轩和《欧洲新报》编辑部的工作人员远比创刊之初更为熟悉做好一份报纸的规律，并且取得了不少成果：他们访谈了多位欧洲政要领袖与商界巨子，同时还有各个领域的艺术大师；在陈茫与范轩的不断努力下，《欧洲新报》成了汉莎航空、瑞士航空等多家航空公司的机载读物；2005年10月，它登上了中国国际航空公司的航班。看到报纸能与涂着中国国旗的飞机一起飞行，这让陈茫着实高兴了好一阵子。

陈茫如今已经不再满足于仅仅在商业上取得成功了。随着凯撒在欧洲的影响力越来越大，再加上《欧洲新报》这一媒体平台，陈茫已经成为德国侨界举足轻重的人物，并且当选了德国华商联合总会主席，他开始参与各种各样的社会公益活动。他觉得，是时候为凯撒和它背后的中国做一些事情了。

自从来到德国，陈茫一直感觉到，西方世界对于中国的理解不够全面，即使在中国开放之后，这种理解依然停留在较浅的层面上。究其原因，一部分是因为固有的认识，另一部分则是因为接触机会有限。在相当程度上，这阻碍了欧洲国家对中国的进一步开放。他和小兵几次谈到这方面时，都认为凯撒在把中国游客带到国外的同时，也该成为中国与国际交流的桥梁。

陈茫想到，交流的最佳方式，就是让中国文化在欧洲有所传播。从2006年开始，他动用一切可以找到的资源，与国内的文化机构合作，把中国艺术引入欧洲舞台，也把欧洲艺术带到中国。他在中欧之间穿梭，为城市旅游局牵线搭桥，在上海、青岛以及其他城市举办各种联合会议，以拓宽彼此之间的民间交流。

对于陈茫来说，和人打交道并不是件新鲜事，他的语言和社交天赋得到了淋漓尽致的发挥。作为助理，范轩看到陈茫游刃有余地穿梭于各种社交场合，在和各行业人士打交道时显得格外得心应手。有一次，面对制表世家格拉苏蒂的老板，范轩惊讶地发现，陈茫竟然与其对谈起了格拉苏蒂家族的历史。

这让范轩开始相信，就算是到了一大把年纪，这个名叫陈茫的人也会继续发光发热，而不是像其他老年人一样享受安闲。

2

在过去一段时间里，凯撒在东南亚业务上的进展并不顺利。的确，比起欧洲，东南亚对中国开放的时间更早，几乎是国内第一批境外旅游目的地，有相当一批旅行社就是从这块业务起家的。这些旅行社在那边经营日久、经验丰富，并且已经有了稳定的合作关系。

因此，之前那些预估的困难，果然一个不少地出现在现实中。

为了开辟东南亚市场，陈杰几次去和当地的地接旅行社洽谈合作，结果却不如人意，他发现对方的合作门槛相当高——凯撒起码要保证每年 10 万人的客流量，才有可能拿到像样的合作价格。在航空公司这边，凯撒也实实在在地碰了钉子。机票部经理马逸雯是小兵的妻子，从加入凯撒开始，她就一直负责机票业务，可现在她发现，冬季的东南亚机票一票难求，因此不得不用高价采购，即便如此，仍然无法保证充足供应。

随着凯撒的几个东南亚旅游团陆续成行，又陆续返回国内，小兵认为，这种情况再也不能持续下去了。让他深感忧虑的是，顾客们是奔着凯撒的名声而来，一旦感受平庸甚至糟糕的人多起来，那凯撒来之不易的声誉就会大受损害。

不过，凯撒在这些尝试中也并非一无所得，比如陈杰发现，大部分旅行社都带着客人们去走那些常规的新马泰观光路线，老实说，这些线路在内容上压根没什么区别，更糟的是顾客也看出了这一点。为了争夺顾客，一些旅行社只好竞相降价，这不可避免地影响到了服务质量，引发了不少抱怨，而另外一些旅行社的销售数据则出现了萎缩。

这些现象让小兵立刻联想到顾客的心态。在开放了十多年之后，东南亚旅游市场已经度过了初级阶段，像新马泰这样的传统路线，对顾客的吸引力早已不复当初，只要去过一趟，就会渴望着有些新鲜玩意冒出来。一个有说服力的迹象是，海岛度假产品最近格外受青睐，比起在曼谷、新加坡这些大城市购物观光看街景，去过东南亚的顾客显然更愿意去海岛晒太阳，安享自己的度假时光。

让小兵做出决定的最后一步是这样出现的：在一次饭桌上，一家公司的董事长向小兵提到，他最近安排了一次休假，打算带全家去巴厘岛玩一圈，“我得把手机关了，在沙滩上晒两天太阳。”那位董事长说。

这让小兵意识到，度假将会是国内富裕人群休闲的新方式，这是完全不同于单纯观光的新需求，并且恰好符合凯撒客户群的消费能力。沿着高端海岛游的方向，凯撒似乎可以打开一个缺口，切进东南亚旅游市场。

“有些时候，做事还要更主动一点。”他想着，“就算是借势，那自己也要主动转个身。”于是，他再次把陈杰派到东南亚出差，试着去找一些机会回来。

3

作为一名外企高管，王少雄并没有多少闲工夫坐在家里翻杂志，他每天都必须和化学螺栓的销售报表打交道。不过，当他从家门口的邮箱里翻出《凯撒生活》时，他还是觉得应该休息一会儿。

在过去的两年里，王少雄购买了两次凯撒的豪华游产品。尽管他常为公务出国，但凯撒带给他的感受却完全不同，凯撒提供的服务竟比合作伙伴对他的招待还细致殷切，特别是当他发现导游竟为他的偏头疼准备了阿司匹林时，他就暗暗做了决定，只要出国旅游，就会选择这家公司。

在加入凯撒会员俱乐部后，每两个月，王少雄就会收到一本《凯撒生活》。这一次他随手翻开杂志，发现内容一如既往地没有令他失望，那篇关于意大利手工皮革制品店的文章很有趣，正是他希望送给妻子的礼物。沿着这篇文章他一路读了下去，最后他发现，自己竟靠这本一百页的杂志打发掉了半个下午的时间。

“这杂志还真有点意思。”他自言自语地念叨着，“为了写篇稿子，居然还专门出国采访。”

三个月前，王竹丽背着照相机和录音笔，在罗马那些僻静的小街道里转来转去，作为《凯撒生活》的编辑，她发现，把一份杂志做出来并不难，但如果要赋予它品位和态度，却是另外一码事。

在加入凯撒之前，无论是中学教师，还是财经杂志的文化版编辑，这些职位带给王竹丽一种不太妙的感觉，她似乎要一辈子重复相同的生活。这个想法促使她加入凯撒，去迎接新的挑战。

在得到《凯撒生活》编辑职位的同时，王竹丽也发现新挑战超过了她的预期。这有两方面的原因。第一，小兵真切地希望，作为会员刊物，《凯撒生活》能够匹配会员的兴趣和品位，因此必须了解会员们的生活和他们所关心的事物。第二，王竹丽需要负责全部稿件，并且全部需要自己撰写。

“你如果要写一个地方，那至少得去一趟。”小兵说，他希望能用负责任的态度向会员传递信息。“这些顾客的消费能力和教育程度都很高，只有这样做，他们才会有兴趣阅读咱们的杂志。”

在陈小兵的安排下，王竹丽开始借各种机会出国采访，有时跟着旅游团，有时则参加当地旅游局的考察活动，以确保能亲身接触海外的文化和生活。她背着相机在欧洲各国的大街小巷转来转去，每晚筋疲力尽地回到酒店，次日一大早，用一杯咖啡冲散倦意，再重新奔向街头。每次回国之后，王竹丽立即开始着手写作全部稿件、编辑版面，小兵在这时也会参与进来，逐篇阅读文章并找出缺憾之处。最后，把杂志送到印刷厂付印。在杂志被派送到会员手中后的第二天，上述那些紧张的过程又会重新上演。

尽管没什么机会听到会员们的亲口赞扬，但王竹丽仍然对自己的工作感到欣慰，她从销售一线的反馈得知，有相当数量的顾客正是通过这本杂志知道凯撒的。

不论是免费寄赠的会员刊物，还是为会员定制的国内游，在小兵的计划中，任何一件事，只要能够加强凯撒与顾客的联系，那就理所应当值得去做。在这一点上，他们对顾客心理把握得相当透彻。比如凯撒的会员积分制度，就是为了让那些高忠诚度的顾客可以在多次购买之后，享受积分带来的优惠折扣，或者参加凯撒的积分活动。在每年 4 月 16 日的会员权益日，还有为会员准备的专属活动。

几年之后，一个叫作“顾客黏性”的词在商业界大为盛行，一些互联网思维的鼓吹者们可能没有想到，这个做法其实并非互联网公司原创，早在 2006 年的时候，即使是凯撒的单款产品，也已经把这个想法考虑在内了。

在操持了几场海外婚礼之后，葛牧发现，她要完成的工作远远超过了产品设计的范围。对新人来说，婚礼的意义重大，不容半点闪失。因此，葛牧总是要提前一步赶到婚礼现场，从场地踩点、地接安排，一直到婚礼庆典所需的鲜花、音乐、舞蹈和香槟，乃至于拱形花门和红地毯，所有的大事小情都要万无一失，甚至还要担任婚礼主持。每次送走新人，她都觉得自己像是散了架。不过，这也让她小有所得，“如果哪天我离开旅游行业，那你们准能在婚庆公司找到我。”

和小兵估计的一样，海外旅游加上婚礼的双重组合，让作为顾客的新人得到了从未有过的新鲜体验——天蓝色和白色的爱琴海风情、由当地小镇的老镇长作为证婚人、带有古老印记的结婚证书、希腊特色的爱情信物，以及感人至深的祝福词。从顾客的反应中，可以很容易地看出他们的满意程度——有几对情侣还未结束他们的婚礼，就已经在盘算着该去凯撒的哪一条路线度蜜月了。

海外婚礼产品显然得到了顾客的认可，越来越多的人把这视为一个了不起的体验。葛牧发现，除了新婚夫妇之外，有些中年伉俪也用这种方式纪念爱情。有一次，一位妻子给了她的丈夫一个巨大的惊喜——她报名了凯撒的希腊婚礼旅游团，并且悄悄地带上了婚纱；另外一次，婚礼的主角甚至是一对年过花甲的老夫妇——他们想要弥补年轻时的缺憾。

对于凯撒的海外婚礼产品，陈茫曾经给过一个简短的评价，他说，凯撒卖出的不仅是一款产品，还有对新人的祝福。这个时刻让人一生难忘，哪怕新婚夫妇变成金婚夫妇，只要想起他们的婚礼，就会想起凯撒。

4

当陈杰从新加坡返回，出现在北京凯撒的办公室时，他果然带回了一个让人想不到的好机会。

几天之前，陈杰从国内飞到新加坡，去参加当地旅游局举办的资源推介会。他对那些传统路线提不起多少兴趣，令他眼前一亮的，却是一个叫作“民丹岛”的地方。当旅游局的官员开始介绍起这个岛屿时，他一边盯着大屏幕，一边用笔飞快地在本子上记录着。

“民丹岛，寥内群岛的最大岛屿……”

“距离新加坡咫尺之遥，搭乘渡轮只需45分钟……”

“位置接近赤道，终年阳光普照，休闲设施完善……”

听着这些信息，陈杰满脑子都是这个水清沙白的海岛，好不容易等到会议结束，他忙不迭地站起了身，迫不及待地找到刚才发言的旅游局官员，表示想要与他谈一谈合作。

当陈杰走进旅游局官员的办公室时，他看见民丹岛的推介商恰好也坐在那里。两位新加坡人彬彬有礼地和他打了招呼，陈杰发现，他们的中文都相当流利，交流起来完全没有障碍。

“陈先生，”那位官员说，“希望你能感觉到，我给你带来的是好机会，我们的民丹岛很愿意迎来更多的中国客人。”

对方的态度让陈杰脱口而出：“我也很希望凯撒能与贵方达成合作。”

“你还没听我说我们的条件呢。”那位推介商笑了笑，他接着说，“虽然民丹岛的风景很棒，但作为海岛，它还不够受欢迎，既比不上马尔代夫，也比不上巴厘岛。所以，我们愿意在这个阶段做促销，推广我们美丽的民丹岛。”

陈杰感到手心一阵阵发热，不过他还是克制住了自己，以便对方继续说下去。

“如果您所在的旅行社愿意为我们带来旅游团，那么我们将会拿出最优惠的促销条件。比如，民丹岛上的酒店很不错，我们愿意用住三付二的方式来合作。也就是说，在民丹岛住三个晚上，只交两晚的费用，有一晚是免费赠送的。此外，还有一些其他方面的优惠。这样，我们可以得到顾客，您这边也可以得到满意的收益。”

“我会用最快的速度和您再次联系。”陈杰笑着说。

在返回北京的航班上，陈杰一直在琢磨着这件事，飞机一落地，他就直奔办公室，把这个消息报告给小兵。听完了陈杰的汇报，陈小兵笑了起来，随后，他只说了一句话，“那咱们就抓紧把这事干了。”

在接下来的几天里，凯撒的产品人员围绕民丹岛设计了一款短途度假产品，在6天行程中，顾客既可以充分享受热带海岛静谧自然的阳光沙滩，同时也包括新加坡的繁华城市之旅。它的名字恰如其分——“双重美妙”。

带着“双重美妙”的产品方案，小兵带着团队亲自找到国际航空公司，争取拿到优惠的机票合作价格。

“你们这个产品，估计能达到多大的销售量？”国航的一位高管问道。

“半年之内，我们可以卖出2000份。”小兵说，“所以，我希望国航能够支持我们，给我们凯撒一个好价格。”

直到走出国航的写字楼，陈杰还记得那位高管疑惑的眼神。不过这并不重要，因为他们已经如愿拿到了所希望的条件——和其他旅行社同样的机票优惠价。

凯撒最终把“双重美妙”定在3699元的价格上，作为一款热带海岛度假产品，这是个相当具有吸引力的价格。从2006年底开始，“双重美妙”一经发布，就同时吸引了代理商和顾客，由于产品设计合理，行程中可以兼顾度假与观光，每一期旅游团都在几天内被抢购一空。小兵对此大感欣慰，因为他知道，通过民丹岛这块敲门砖，凯撒终于切入了东南亚业务，并且还得到了一块全新的高端市场。他因此成立了一个度假旅游部，陈杰成了这个部门的负责人。

5

2007年转瞬过半，让小兵高兴的是，从度假旅游部送来的报告上看，民丹岛产品的销售远远超过1000人的预期，这帮助凯撒在度假业务上开了个好头。以此为起点，凯撒可以去开发新产品，进一步扩大自己的客户群了。

在这一段时间里，陈小兵和凯撒的其他人经常飞来飞去，凯撒一直在扩大自己东南亚地区的业务。除了民丹岛之外，东南亚各主要国家，包括印度尼西亚、柬埔寨、越南、新加坡、马来西亚、泰国，先后都被纳入凯撒的旅游目的地。小兵唯一的愿望是，这个进程最好能再快一点，以便能够尽量扩大东南亚地区的业务份额，和欧洲业务形成互补。

小兵坚持认为，产品是旅行社的根本，一款优秀产品可以让顾客对凯撒产生好印象，乐意再次消费，从而拉动凯撒品牌下的其他产品。因此不论有多忙，他都乐于亲自参与凯撒的产品研发。

“民丹岛是天赐良机。”小兵对同事们说，“咱们不会总有机会做新风景的介绍人，所以也要让客人在他们熟悉的地方玩出新花样。”

这个想法得到了所有人的赞同，但要实现却相当不容易。既要花心思，有时也需要灵感。比如人人熟知的巴厘岛，当大部分旅行社都把海景和沙滩酒吧当作核心卖点时，凯撒的产品人员却发现这里还是一块印度教圣地，有相当多的印度教神明雕像与建筑，同时还有民俗艺术气息浓厚的乌布古村。于是，他们把这些静谧所在与热闹的海滨加以组合，并赋予“绿岛仙踪”之名。不出意料，这款产品再次得到了顾客的称赞。

小兵的视野不仅局限在东南亚一隅，只要有可能，他就不会放过补充凯撒产品结构的机会。比如，他发现，休闲性质浓厚的邮轮旅游正在时髦起来，对于这个起源于欧洲的旅游方式，国内的富裕人群很有兴趣尝试。于是，在新加坡产品的基础上，凯撒开始涉足近海邮轮旅游。那一年的春节，“处女星”号邮轮带着凯撒的第一批顾客从新加坡驶往马六甲。同时，在 2007 年前后，公司先后开辟了南美洲、美国、土耳其和埃及几块业务。

在加入凯撒的最初几个星期，负责非欧旅游团业务的郑丹一直在为这个难题发愁，凯撒的欧洲产品异常火爆，而土耳其等地区的产品却乏人问津，有时甚至连成团都很困难。她需要为代理商的销售人员做产品培训，却发现自己对要讲的内容几乎一无所知，无论是签证事项还是产品特色。为此，这个不服输的年轻姑娘每天工作十多个小时，相关的知识很快就记满了一个笔记本，却还有许多疑难之处无从解开。

好在此时的凯撒已不同往昔，几年以来，陈茫和小兵一直在行业内外获取资源，有相当多的旅游局和地接社成了凯撒的合作伙伴。对于新开辟的非欧洲业务，小兵已经预料到了难题所在，因此凯撒可以从有合作关系的地接社那里获得支持。比如，他们请来了土耳其最专业的地接社董事长，由这位资深人士为郑丹讲述与土耳其有关的种种知识。从伊斯坦布尔的集市到棉花堡的温泉，再到卡帕多奇亚独特的丘陵地貌。在那一段时间里，郑丹几乎把所有的时间都花在了产品知识的学习上。不久之后，无论是面对销售还是顾客，她都能像一个当地导游那样，绘声绘色地描述诸多美景美食了。

6

汪辉的桌子上堆满了表格、计算器和记着数字的纸张，在反复对比了一些数据之后，她几乎可以确定，在对待产品的态度上，凯撒的渠道商并不一视同仁。

自从加入凯撒旅游销售部不久，负责同业销售的汪辉就发现了一些颇耐人寻味的迹象，比如说，凯撒花大力气研发了一款产品，但销售业绩却很一般；与此相反，一些平平常常的常规产品，反而总能让人大跌眼镜。

汪辉一开始不太明白这是为什么，后来，随着对业务的熟悉，她逐渐弄清了其中原因，那就是在大部分渠道商的眼里，利润率是最受关注的指标。凯撒的一些产品的销售之所以迟滞不前，根本原因就在于利润率偏低，渠道商在向顾客推销时并不积极。

此外，汪辉还发现，除了凯撒之外，每家渠道商都有其他若干个产品供应商，为了维护关系，渠道商常常会采用分配式的营销方案，把顾客分给这家一些、那家一些，这看起来不像是生意，倒像是中国式的人情往来。

这些迹象让汪辉感到，凯撒与市场之间，似乎总是隔着一层。虽然有优质的产品，却并不能把它顺畅传递到有需求的顾客手中。

汪辉观察到的现象，正是小兵计划要解决的问题之一。从2007年开始，小兵就一直希望改变凯撒现有的销售体系。他想过种种办法，最后却发现几乎没有现成的模式可供照搬，凯撒必须走出一条自己的路。

那一段时间里，小兵在脑子里反复琢磨凯撒这些年走过的历程，还有凯撒的诸多做法——从信誉到优质服务、与众不同的精致产品，乃至于独到的市场推广手段。在当时看来，这些做法似乎是为了解决具体的难题，但现在他却想到，凯撒所做的都是市场上最稀缺的东西，在不知不觉之间，凯撒已经把自己打造成了旅游市场上高品质的代名词。

对于这一点，小兵由衷地感到自豪，但高品质的另一面，就是许多体现品质的细节都需要付出成本，这造成了凯撒产品的高价格，让一些对价格敏感的顾客在做选择时，最终放弃了凯撒。

作为一位资深的旅游业管理者，小兵很清楚旅游产品的特性是什么，顾客无法像买电视机一样，可以一目了然地比较性能，所以大多数没体验过的顾客只能比价，毕竟少花点钱是每个人的真实心理状态。在这个交易中，销售的价值就在于告诉顾客什么是有品质的产品，什么是适合的产品。

不过，在代理商这种销售模式中，代理商与凯撒在诉求上并不能处处保持一致，对于在业界产品设计能力领先的凯撒来说，要想如臂使指地把这种能力传导到终端，把优质产品推送给顾客，真正拥有自己的市场，以及实现更长远发展，有效的办法只有一个——拥有自己的零售体系，而不是依赖渠道。

7

在加入凯撒的第三年，张蕤被委任为市场部经理，那一年她刚满26岁。与此同时，小兵还把其他一批年轻人提拔为管理者，同时，他又从外面招聘了一批新人。无论是前者还是后者，他们身上都有三个共同点：年轻、好学、有进取心。

在小兵看来，年龄从来都不是一个人被提拔或不被提拔的决定因素。他在公司里反反复复地对他的经理和主管们说："一个人只要愿意接受新事物，而不是一成不变地活在自己的世界里，那他就一定能跟得上公司的脚步。"

张蕤发现，整个凯撒旅游都处于一刻不停的忙碌状态：丰富产品、维护品牌、加强市场推广、招聘新人。在欧洲，中文导游培训学院已经举办了第二十期培训班。这些工作都指向同一个目标——为零售体系做储备。

那一天，张蕤正坐在办公室里，她本打算打开凯撒的官方网站——这是她原来负责的工作——结果却在一家门户网站上看到了专题报道，那上面用醒目的大标题写着：暖春之旅——胡锦涛主席访问日本。

张蕤暂时把官网放在了一边，她立即点开了这则专题，里面连篇累牍都是这一次访问日本的计划行程。沿着报道细读下去，她发现媒体普遍把这一次访日称为两国关系的暖春之旅，一些国际关系专家还预言："经过温家宝总理上一年对日本的'融冰之旅'，福田康夫首相同年 12 月对中国的'迎春之旅'，暖潮不断升腾，中日关系迎来了新的机遇期。"《环球》杂志的一篇文章最后称，这一轮潮起，令人格外期待。

张蕤有理由对这条非同一般的新闻感到高兴，因为她意识到，中日关系进一步友好，将会催热日本旅游市场。正当她准备再细看一遍时，办公室的门被推开了，她看见陈杰走了进来。"看到新闻了吗？"他问道。

"你也知道了？接下来，日本市场肯定会热。"张蕤说，"所以我觉得，咱们是不是该去跑一跑日本旅游局，看看能不能把这块开起来？"

几年以来，在经营既有业务的同时，小兵一直都把新的旅游目的地的开拓放在心上，而日本正是他心中理想的市场之一。

在小兵看来，日本旅游资源丰富，管理水平成熟，又与中国近在咫尺。对于凯撒的产品结构来说，这将会形成有力的补充。于是，几乎没做任何犹豫，凯撒立刻把开发日本市场提上了日程。

在中国的旅游行业里，日本与东南亚有点相像，它们都不是新鲜的旅游地。2008 年，国内已经有许多旅行社在经营日本市场了。在东京、大阪甚至北海道这些地方，都有若干现成的成熟线路。凯撒如果想要挤进去，就必须找到民丹岛那样的敲门砖。在很长一段时间内，张蕤他们都在为这个难题想办法。

这一年的年底，一个机会送到了凯撒面前——从一家推销业务的包机商那里，陈杰听说了日本冲绳正在推广自己的旅游资源，如果和这家包机商合作，可以拿到相当优惠的机票和地接服务价格。陈杰立刻意识到，这正是凯撒一直在寻找的敲门砖。

冲绳是位于日本九州与中国台湾之间的一片群岛，根据他们的了解，那是个气候温润、景色宜人的地方，在 2008 年，这片海岛还没有被多少人注意到，只有一些日本国民把冲绳当作短程度假地。最诱人的是，冲绳岛与北京之间竟有直达航班，全部航程只要三个小时。

“只有三个小时。”张蕤兴奋地说，“三个小时连海南三亚都飞不到，但这回可以直接飞到外国海岛。”

“这真是一个送上门来的好机会。”小兵对张蕤和陈杰说，“你们去联系包机商，对他说，他手里的航班无论有多少班，咱们全都包下来。”

8

虽然已是上午9点，清晨的迷雾还没有完全散去，迟佳培顺着贯穿冲绳国家自然公园通向恩纳海岸的小路踽踽独行。地面的湿润气息缠绕在植物之中，散发出一股混合的清新气味，让他暂时忘记了北京的冬日。他走了将近一英里，然后开始沿着“万座毛”这片辽阔草地慢慢前行。

渐渐的，晨雾消散，旭日东升，穿透了湿润的空气。当迟佳培走到海边崖上时，他透过阳光望去，海天一色的景观壮丽无比，珊瑚礁隆起而形成的悬崖绝壁，如同一只正在低头汲水的大象。而他身后的原野上，一丛丛不知名的黄色小花正在盛开。

迟佳培拿出相机，对着“万座毛”草原和海畔断崖连续拍了几张照片。如果不是有工作安排，迟佳培可能会花上半天欣赏眼前这幅美景，但现在他不能过多地停留，因为他还要去更多的景点。

作为凯撒的“踩点者”，迟佳培来到冲绳已有一个星期。在做出了包机决定后，小兵把他派到冲绳，前来考察这个新目的地的资源情况。他将提供信息与意见，为整个项目做出更细致的评估。

在来到冲绳之前，迟佳培本以为此地不过是个椰风海韵的热带海岛，但一个星期下来，他对冲绳的印象已经完全不同。冲绳除了拥有绚丽景色，历史文化色彩也极为浓郁——琉球王国的旧都首里城、有大量特色建筑的琉球村、“二战”后美军的嘉手纳空军基地，除此之外，还有日本最大的热带庭园与水族馆。此地的舞蹈、民俗与美食，也同样引人入胜。

他一边看，一边在考虑着该怎样把这些景点组成产品——老年人会钟爱民俗，孩子会喜欢水族馆，新婚夫妻大概会更偏爱当地美食。迟佳培参加过许多目的地考察，这是凯撒产品开发的必要步骤。但这一次，他工作得格外仔细，不仅因为这是公司第一个包机项目，更因为他希望客人能通过他的考察得到一次完美的旅行。除了考察景点之外，迟佳培还用相当多的时间勘察了食宿住行这些最基本的要素——酒店的房间数量、位置、入住价格、景点间的行车方式与时间……他甚至带上了一把卷尺，在各个酒店里量床宽和房间面积——就像许多年前陈茫在德国所做的那样。

每一天，迟佳培都会工作到半夜。除了考察，他每天都向北京发一封邮件，里面包含尽可能详细的信息，以便小兵他们能准确地做出评估。这次行程耗掉了他相当多的精力，以至于他返回北京时，整个人都瘦了一圈。

对于冲绳，迟佳培给出了“完全可行”的评价。陈小兵却仍不完全放心，毕竟，对于这块全新的目的地，凯撒并不了解。于是，他与陈杰又飞到那里，亲自考察了一圈，并与当地最大的地接社谈妥了合作，这才算放下心来。

凯撒用“北京三小时直航境外海岛”的广告语来为自己的冲绳产品做宣传。从销售上看，这款产品显然击中了顾客的兴趣点，产品一售而空。为了保证一切顺利，陈杰索性在首航半月前飞赴冲绳，配合地接社为游客打好前站。

也许是因为这一块敲门砖的到来过于顺利，命运之神决定为凯撒的冲绳项目增添几分惊险。在两架包机起飞之后，凯撒得到了民航局的通知，由于春节期间航线紧张，凯撒的第三架包机未被授予起飞航权。

参与这个项目的凯撒同事都清楚这意味着什么，他们从未见过有什么事能让小兵如此着急。在那几天里，小兵每隔几分钟就会打一个电话，想知道他们是否获得了航权批准。他非常清楚，假如那一班飞机没能拿到航权，那飞机就不能起飞。已经成团的顾客因此会无法成行，那就不仅仅是退款道歉的问题。毫无疑问，正如他所担心的那样，那将给凯撒品牌带来一次巨大损害。在那天，他发现自己有好几次都在自言自语地念叨：“这大过年的，客人得怎么看咱们。”

从民航总局到航空公司，小兵发动了一切关系来寻求援助，所幸的是，凯撒有惊无险地拿到了5架班次的起飞航权。那一天，小兵和张蕤站在首都机场的航站楼里，目睹最后一班冲绳包机从宽阔的停机坪上陡然拔地而起时，张蕤看见，小兵长长地出了一口气。

冲绳产品的成功，帮助凯撒加快了日本市场的开拓速度。之后，他们先后打开了日本本州、四国、北海道和九州的旅游路线，而后则是韩国市场。经过考察之后，产品部门把这些资源组合成各式各样的产品，并在凯撒的官方网站、各类媒体上打出整版广告。

当小兵翻开《凯撒生活》，看到凯撒旅游团在整个亚洲范围内的笑脸和身影时，他意识到，这正是他希望的结果，有了长短线、淡旺季的结合，凯撒总算可以用两条腿走路了。

第九章

2009年的一天，凯撒旅游的一间会议室里挤满了人，陈小兵正在听取美国加州一号公路的自驾游产品介绍。从几年前开始，只要有新产品推出，小兵总是会拿出时间参与，这个习惯，即使在他忙得不可开交的时候也极少改变。

“一号公路紧靠西海岸，可以一直从旧金山开到洛杉矶，这一侧是落基山脉，另一侧就是大海，路边有很多漂亮的小镇，尤其是那些风景好的地方，路边都有供停车拍照的地方……

“路边的小镇很多，都是好莱坞电影里常见的那种，像蒙特雷、卡梅尔、大瑟尔、圣巴巴拉这些小镇，美国人自己也觉得非常有特色……”

小兵一边听，一边不断地点头，时而插入一些问题，从他的反应中不难看出，这是一款相当有卖点的产品，对于这款产品的设计，他并没有提出太多意见，显然，他是满意的。

即使作为一个严格的管理者，小兵也对产品部门数年来的进步感到欣慰。在这些年里，凯撒最大的财富之一，就是有了一群既熟悉业务，又和公司志同道合的员工。近一段时间，市场上出现了对凯撒产品的仿效，不过小兵却并不以为意，在他看来，这种简单的模仿并不能构成真正的竞争力，因为无论是让客人满意的接待服务，还是产品设计的原理与创意，都不是只靠模仿就能得到的，这些能力是凯撒在将近20年的时间里通过对品质的坚守换来的。

在过去的一年里，小兵越来越多地把精力放在对顾客心态的关注上。他发现，自己的两个预测都变成了现实。其一是和十多年前相比，现在的中国游客日趋成熟，眼界更加开阔，想法变化非常之快，并且乐于在旅游上支出更多的时间与金钱。那些能更休闲、更透彻地了解一个国家的产品，正得到顾客前所未有的欢迎。

另外一个让小兵感到高兴的变化，同样与顾客心态有关，那就是凯撒的品牌开始在顾客心中扎根。凯撒在北京的几个门店，每一年的销售都在增长，而在渠道商那里，点名购买凯撒产品的客人也不在少数。那一年，银行在为凯撒评估抗风险能力时，小兵发现，品牌价值已经成为重要的参照项。凯撒因此成立了专门的品牌管理部，小兵把王竹丽调去担任负责人，上任一段时间之后，王竹丽才惊讶地发现，在国内所有的旅行社里，凯撒竟然是第一家拥有品牌管理部门的。

2

很长一段时间以来，作为凯撒中国的创始人，小兵一直觉得，他在执掌业务的同时，也应该尽可能多地关注其他一些东西，比如说，他一直在凯撒内部引导一些理念，他把这些理念总结成了三句话：销售治百病，管理定江山，服务得天下。

这一系列理念，是基于凯撒的业务模式而存在的：在统一的凯撒品牌之下，后端的采购部门不断纳入新鲜资源，支持产品研发中心持续输出新产品；在中段，销售把这些产品悉数卖出；在前端，地接服务让每一批客人都满意而归。

在这样一个业务模式中，小兵将销售定义成公司的生命线，因为销售的好坏，既决定公司的利润，也关系到公司的士气。“假如销售在走上坡路，那么很多问题都会自然消失。比如研发人员会更有成就感，地接服务人员也有充足的收入。”

在小兵的引导下，凯撒逐渐形成了一个既强调人性，又不忘制度的管理环境。这种气氛让许多新员工感到舒服，并且很快就进入工作角色。不过，他们不清楚的是，这种气氛由来已久。

“我倒是希望凯撒一直像个家一样，就像咱们当年那样。”一天晚上，小兵笑着对高管们说，“可惜的是，现在人太多了，有些人我连名字都叫不出，这时候再说家庭化管理，多少差那么点意思。不过，尊重个人，让大家快乐地工作，这一点总还做得到。”

现在，小兵远比当初更强调制度的重要性，这是因为凯撒的业务环节已经多到不可估量，任何一个环节出错，带来的都是难以挽回的损失。正因为如此，他希望能够用制度来规定每一个环节的工作，让采购、生产、销售和服务这根链条达到完美的配合。

在小兵的心中，服务既是对顾客的承诺，也是凯撒多年来赖以安身的招牌。那一年，最让他高兴的，虽然有些国家政局动荡，但凯撒的业绩却此消彼长，无论如何，顾客始终选择凯撒这一事实让他觉得，凯撒最令人骄傲的地方就是服务。

2009 年的一天，趁陈茫回国开会的机会，他们在一家餐厅共进午餐。两人刚刚落座，小兵就说起了他的想法，他从眼前的难题讲到过去，又讲到他对未来的构想，最后他说：

“其实往简单说，这个想法一点也不复杂。我想达到的目标就是自己研发产品，自己卖，这是最适合凯撒风格的做法。就像咱们现在吃饭的这家餐厅，每天只做一百锅汤，多一锅就卖不出去，少一锅就不够卖。”

“把握这个尺度太难了。”陈茫说，“咱们的产品能力不差，这不假。但是这根链条断了一环，销售必须得跟得上。”

“你说的没错。”小兵说，“比如说，有些产品是为了打品牌的，有些则是为了打开市场的，这些产品肯定不会有那么高利润，这时候就得靠销售使劲儿，不然任凭你有什么计划、什么产品，也根本推不下去。”

“所以说，还是那个老问题。”陈茫说，“咱们得有自己的销售体系才行，光靠同业是不行的。”

“现在的难题是这样，咱们在北京已经有了21家门店，但是在外省，咱们只能靠渠道商收客，既不能开分公司，也不能开门店。”小兵说，“旅行社管理条例对旅行社的限制意味着，一家旅行社只能立足于本地，没法跨地区经营。咱们的品牌没法在外省落地。”

“那就只能等国家打开这个口子了。”陈茫说，“到那一天，咱们的所有问题就迎刃而解了。”

在沉默了一会儿之后，陈茫又开了口，他缓缓地说着：

“小兵，我这人一如既往，总是想着能做点大事。”陈茫说，“一开始我到德国的时候，除了谋生，整天想的就是这个。后来成立凯撒，想的都是怎么把它经营成一个事业。到现在，已经有这么多人认可咱们，这是你，还有你们这边的一群年轻人努力的结果。这么多年来，我一直支持你们，不来横加干涉，就是因为你们有进取心，不是一群混日子的人。

“当年开代表处的时候，我一直跟你说，我们要像欧洲那些大公司一样，做一个百年不倒的品牌。我们对顾客讲诚信，给他们高品质的东西，让客人感受良好，这条路很难，但是没有别的办法。

“我会一直支持你，只要咱们两个在经营凯撒，凯撒就会坚守品质，这永远都不会变。倒是你应当仔细考虑一下潜在的困难，因为你一旦选择自己来做销售，就会失去很多合作者。况且我们还没有太多做零售的经验，会有一连串新挑战冒出来。”

小兵想了一想，他说：“只要这么做对凯撒的未来有好处，我宁可选一条最难的路。”

3

从2009年上半年开始，旅游行业里开始流传一些消息，核心部分是关于国家旅游局将要颁布的旅行社条例。据说，在新的条例里，将有一些可以改变旅游产业格局的内容。不过，这些消息并没有在凯撒引起太大的震动，因为在很早以前，他们就在各个方面做基础准备工作了。

在过去一年的时间里，小兵把一批年轻人派到基层门店去熟悉业务。在同业部工作了一段时间之后，汪辉在北京的一家门店做起了销售，每天接待一波又一波的客人，为他们介绍路线，讲解出境须知，同时还要接听各种电话。在这个过程中，只要是醒着，汪辉就一刻不停地向门店的同事们学习关于零售的经验。

在汪辉看来，以这样的态度来学习，只是延续了她在凯撒一贯的工作风格而已。但小兵却亟须他们快速积累相关经验。因为在整个旅游行业内，凯撒还是第一家自建零售体系的公司，没有现成经验可供参考。那一天一旦到来，凯撒在所有事情上都必须靠自己。

2009年，小兵对凯撒的结构进行了一轮改造，以适应公司的下一步发展计划。公司调整了股权结构，小兵成了最大的股东、凯撒旅游总公司的总经理，主要的业务日常运营则被纳入凯撒北京分公司的管理范围。在随后两个月的大部分时间里，小兵和凯撒的经理们都在跟会计师、律师和税务顾问打交道，他们想要弄清楚，如果凯撒要在新的城市开设分公司，究竟需要完成哪些工作。

不过，在这个节骨眼上，小兵觉得自己面临的最大难题，就是在众多的计划和想法中间分出个轻重缓急来。作为一个习惯于先谋后动的人，小兵的心里始终盘旋着一个问题——作为整个凯撒的管理者，他必须想清楚凯撒追求的到底是什么。比起那些细致入微的具体事务，这个问题的重要程度首当其冲。

在已经走过的许多年里，虽然他一直在坚持一些东西，但他现在还是寻不到这其中的联系，他需要用一个完整的逻辑来表达凯撒将要追求的东西。这个难题让他如鲠在喉，日日不得安眠。于是，小兵破天荒地给自己放了个假，在自家小区的小路上不停地散步，希望安静能激发大脑的活力。

在脑海里，小兵一次次地仔细回顾凯撒的历史，包括那些大事小情：凯撒的创立、代表处的成立、取信于客户的种种做法、非典时期、欧洲开放、新的产品、新的目的地，还有陈茫给他的那些忠告与建议……就这些了，他能想到的就只有这么多。那么，这些做法和事件之间有什么联系呢？

那天下午，在艳阳之下，小兵沿着小路不停走着，阳光透过头顶茂密的树冠洒下来，落在地上化作点点金光，恰如他脑中掠过的一个个想法，不知哪一个会让他灵光一现。绕着小区，小兵一圈圈地走着，陈茫当年对他说的一句话，也在他脑子里一圈圈打转。

“我们对人要实在，人家客人好不容易找我们一次，千万别把人家给坑了，哪怕咱们赚得少一点，走得慢一点，做得没那么大。”

小兵仔细回忆着大哥的话，这句话和眼下社会上流行的成功观念大相径庭，但说到底，反倒是多年来一直追求对客人负责，才帮助凯撒从一家籍籍无名的地接社发展到今天。许多曾经名噪一时的公司，如今却只剩下断壁残垣和曾经辉煌的回忆。他再次把细枝末节仔细过了一遍，突然间他想道，这么多年来，市场一直在变化，但所有的难题，凯撒最后都找到了解决方案。是什么帮助我们找到这些答案的？

小兵停了下来，捡起一根树枝在泥土上划着，最后，树枝停住了。“这才是凯撒的核心，一直在指导我们的东西。”小兵嘀咕着。

小兵回到家里，丝毫没有感受到天已经黑了。他脑海里翻腾着滚烫的思绪，其中一个想法如同明亮的火把，让他心潮澎湃，激动不已：让客人满意，才是凯撒追求的终极目标。

那一天，一批凯撒同事聚集在一间会议室里。每个人都是接到临时通知过来的。工作例会一般并非在这个时间举行，所以大多数人都很惊讶。

门开了，小兵走了进来。接下来，他开始向大家讲述凯撒的历史，他讲得很慢，以便让每个人都有机会缓缓地回顾自己的职业生涯。之后，讲到了他们当前的工作，最后提到了凯撒的未来——凯撒要成为一家全国性的公司，一个在凯撒独特氛围下运转流畅的旅游业务体系，以及一个为中国国民海外所有活动提供服务的平台。

“现在，”小兵说，“我需要你们在座的各位组成一个团队，为整个凯撒做一个详细的评估，然后为我们凯撒的未来10年，起草一份发展战略书。”

“可是，发展战略这么重大的事，一般都要委托给咨询公司的。”有人忍不住说道。

“不错，但我更信任你们。”小兵说，“你们对旅游业务更熟悉，也更了解凯撒的风格。我们的战略要符合凯撒的实际和追求。你们放开手去写，接下来我也会参与进来。”

对着满屋子的同事，小兵最后说：

“最后我想说的是，无论咱们用怎样的方式来做战略规划，我都希望以下这些观念，能成为凯撒追求的目标。”接下来，他一字一句地说着，会议室里一片安静，所有人都听到了那句话，“凯撒的终极价值观是客人的满意、员工的幸福、股东的回报、社会的财富。”

4

“咱们终于等到这一天了。”陈茫说。

“到得未免有点迟，”小兵说：“要是再晚上几年，我都不敢保证自己会不会着急。”

“别这么说，一切努力都有价值，我们没有白白浪费时间。”陈茫的声音从话筒那端传了过来。

2009 年 5 月，中国国家旅游局颁布了全新的《旅行社条例》，其中最引人注意的条款，就是旅行社分社的设立不再受地域限制。对于凯撒而言，这几乎是一个与欧洲开放同样让人高兴的好消息。在小兵看来，他终于可以推进自己的计划，让凯撒的品牌在全国各省落地开花。

凯撒为自己设计的十年发展战略，将自己的未来定义成一家“以旅游产业为核心、以文化产业和资本经营为两翼”的公司。在这个战略中，小兵希望凯撒能够用“先纵后横”的顺序达成这样的目标——先在旅行社业务的上下游进行产业链延伸，建立产品研发、批发、零售和接待一体化旅行社产业，再在公司现有的产业和业务格局上进行扩展，以旅游产业为核心，把生意扩展到文化产业和资本运营上去。

在这个计划中，凯撒首先需要完成的，就是通过构建零售网络和接待网络，掌握终端客户，保证服务质量。分公司的拓展，正是这个计划中的关键一步。

对于凯撒在分公司上的拓展计划，十年发展战略中有一番详尽周密的安排。尽管没有在外省直接经营的经验，但与渠道商打交道多年，在探访了当地旅游局与同行、做了一番缜密功课之后，他们对各省的情况做到了心中有数：在旅游行业里，北京、上海和广州这三座大城市意义非凡。它们是三大经济带的中心，对中国北部、华东和华南有重要的消费示范作用；它们还是口岸城市，是旅游者进出枢纽，是每一家旅行社的必争之地。其他数十个省会和经济发达城市，则聚集着八成的消费者。小兵和陈茫因而认为，在凯撒旗下，将会同时存在口岸型与销售型两种模式的分公司，在规划中，后者主要承担当地市场的销售职能，补充因为放弃渠道合作而失去的客源；而前者在经营业务的同时，还将会成为产品供应、市场推广、品牌营销的区域中心。

凯撒决定选择100公里外的天津作为走出北京的第一步，他们希望将这里打造成销售型分公司的样板。对于这一点，小兵有充分的理由：这是一座有1000多万人口的城市，其消费能力和消费观念都与北京的情况非常相似。同时，当地的旅行社并不强势，无论在产品研发、销售能力，还是品牌形象，都无法与凯撒比肩。事实上，在过去许多年里，已经有无数天津市民成了凯撒的顾客。

在做了足够的市场分析后，小兵说出了自己的判断：“咱们和天津的顾客有很深的感情，所以我相信这块市场只要进去，就一定拿得下来。”于是在 2010 年 5 月，凯撒在天津布下了自己的第一家分公司。几个月后，作为口岸型分公司的样板，凯撒又在上海成立了自己的分公司。

小兵深信这一轮的扩张，正是他们一直以来都在苦苦追求的重大突破。而对于凯撒的员工们而言，扩张的过程好像给他们注入了新的动力。比如王竹丽就发现她面临着更重大的挑战。作为品牌管理部的负责人，她的任务是让凯撒的品牌声名更响亮。在凯撒的全国化进程开始之后，这项工作必须在更大的范围内进行。不过，在她刚开始筹备一些新活动的时候，小兵却把她调到了一个她从未接触过的新岗位上。

从 2010 年起，凯撒的分公司在一个又一个城市落地，并且分别开始了各自的市场攻势，比如刚刚被任命为北京分公司副总经理的郑丹，就正在筹备着建立更多的零售门店。在其他城市也是一样。小兵认为这会为凯撒带来一次前所未有的增长，为了配合这一进程，凯撒必须同时提升在其他方面的能力，其中最为关键的就是产品研发。

在凯撒的发展战略中，其业务部门被定义为未来10年业务格局的中心，它既是研发机构，也是一个产品库，除了为各地分公司研发适合当地销售的产品之外，它需要对每一款产品进行管理，测评这些产品的利润率、质量和客户反馈；同时，它也是一个调度与开发部门，在从生产到销售的链条上，这个部门需要根据零售渠道增长情况，制订凯撒的产品计划；它还要与世界各国旅游局保持沟通，不断开发新的旅游资源。

那一天，在听过了小兵的计划，并且得知自己将要去管理新成立的产品研发中心时，王竹丽实在有些目瞪口呆，在迟疑了半天后，她问道："陈总，您确定吗？"

"当然确定。"说完这句话，小兵笑了起来，"我觉得你是个有学习精神的人，所以你肯定可以驾驭这件事。"

在此后三个月的时间里，王竹丽一天到晚都在和产品研发中心的总监们谈话，以便用这种方式来熟悉业务。她发现，每一款产品都包含若干要素，如果要准确测算它们的收益、预测它们是否受客户欢迎，那就必须找到其中的逻辑。除了睡觉，她几乎把所有的时间和精力都花在了产品知识的学习上。在三个月之后，她就开始按照小兵的构想，有计划地梳理起凯撒的产品业务来。

5

几年来，陈茫一边密切关注着国内的业务进展，一边一刻不停地在其他领域奔忙。现在，在德国乃至欧洲侨界，陈茫的声望与日俱增，同时，他打破了一个多年以来的偏见：华人是不可能踏入欧洲主流社会的。

在2009年，陈茫以侨界领袖的身份，受邀参加了中华人民共和国成立60周年的阅兵庆典。此后的两年里，他在各种媒体上露面的次数越来越多，作为侨界领袖、《欧洲新报》社长和著名的艺术品收藏家，他每天都有各种各样的活动，总会有人邀请他出席仪式和晚宴，并且不乏欧洲各国的政界要人。在这些时候，只要有机会，陈茫就会顺带着为凯撒的品牌做宣传。这与专注于业务的小兵恰好形成了一外一内的完美互补。

大量的社会活动，对陈茫的体能提出了更高的要求，有人建议他应当放慢节奏。不过，每一次听到这样的建议，他都笑着摇摇头，然后说："有人说人生没法选择，不过我却觉得，还是可以让每一个时刻都过得精彩一点。"

使同事们倍感惊奇的是，尽管有那么多事情要忙，但陈茫仍然坚持多年以来的习惯，对于业务上的关键细节，他始终保持着密切关注——在哪里有新的酒店，每一期导游培训班中有多少学员最终留了下来……特别是在每一次工作例会中，陈茫总是对顾客感受和接待质量方面的内容格外感兴趣；有较大状况或纠纷发生时，他尽量亲自参与处理，否则也会在事后过问详情。在这一点上，就连小兵都感到钦佩，有一次，陈茫向他抱怨，自己在公司甚至无法从办公室走到卫生间，因为总会有同事向他请示如何处理难题。

"按规章制度办，或者找京学处理不就得了吗？"小兵说。

陈茫看了看小兵："那么干也没什么不行，不过一旦出了事，我出面的效果会更好，我希望每个客人最好都能得到一个满意的结果。"

那一天，陈茫来到办公室时已经是下午了，前一个晚上，他和一位古董收藏家谈到很晚，他们希望能够为流失在欧洲的中国古瓷出版一本专著。在办公室坐下后，他和小兵通了个电话，了解了各家分公司现在的进展情况。正当他翻开记事本，准备看一眼今天的安排时，办公室的门被推开了，李京学和计调经理王乐平走了进来，看着他们凝重的脸色，陈茫知道准有状况发生。

“怎么啦？”

“有个在挪威的团，都是一家浙江企业的员工，今天本来计划去峡湾，结果车坏在半路上了。”李京学说。

“那就赶紧调一辆车过去啊，”陈茫说，“别耽误事。”

“车已经派过去了，现在的问题是客人离峡湾还有好几百公里，那地方不太好找，车开过去也要四五个小时。这样一来，行程就耽误了。”王乐平答道。

王乐平说这些话时，陈茫皱着眉头一边听着，一边不停地用手指敲击着桌面，他看了一眼手表后问道：“现在已经两点了，客人今晚要去峡湾那边住吗？”

“是，订的是那边的酒店。”

“这样办，让导游安抚好客人。”陈茫说，“你们立即在附近找个酒店，品质要高一点，别计较价格，只要车一到，就立刻安排客人去住下来。另外，你们赶紧看一看，还能不能给客人一些别的补偿。”

作为一个土生土长的奥斯陆人，埃里克从二十几岁就开始为旅行社开大巴车，十多年里，他见过太多暴躁的游客了，无论是美国人、中东人，还是日本人，只要耽误了行程，旅行社又处理得拖拖拉拉，那他们一准儿会把导游当成出气筒。因此，当他出发去支援那群困在半路的中国游客时，埃里克忍不住同情起导游来。

不过，当埃里克找到旅游团时，看到的景象却让他大吃一惊——没有任何争吵，游客们三三两两地拍照闲聊，就像一个野餐派对。在抵达酒店后，他发现那里还有一顿免费盛宴在等待他们，每个中国人似乎都很开心，笑嘻嘻地和导游说着什么。

老埃里克听不懂中文，他终于忍不住问导游，这究竟是怎么一回事。

“哦，他们说，在天然氧吧里休息了这么长时间，真是赚了。”导游说，“另外，他们还说，上帝对你们挪威人真是太好了。”

几个月后，这家企业在凯撒报名安排了他们的第二个旅游团。

6

2010年，凯撒迎来了几位主动上门的客人，这些来自海南航空集团的职业经理人真诚希望能够持有凯撒的股份，以谋求更大的发展。很显然，对于凯撒，他们与当年保利集团的经理人怀有同样的看法——凯撒在旅游行业必然会有更大的发展。

有别于人们的通常印象，海航不仅是一家航空公司，它还是一家资本运作领域的财团型企业，对于行业和公司有独到见解。2007年，它在北京成立了海航旅游集团，旗下拥有大量旅游资产，并且希望能够在旅游行业内有所进取。在此后的几年里，他们陆续收购了20多家旅行社，但不是规模太小，就是品牌号召力不强。于是，海航的经理人们把目光放在了那些真正具备实力与品牌效应的大型旅游企业上。这样一来，他们很快就注意到了正在进行新一轮扩张计划的凯撒。

在小兵的筹划之下，凯撒的扩张节节推进。在这个进程中，凯撒的节奏表现得很有耐心——数量与速度并不是扩张的首要追求。小兵心里清楚，接近目标的唯一方法，是让每一位经理把自己负责的分公司当成自己的事业。也就是说，他与每一个加入凯撒事业的人都要取得共识。

在经理人的筛选上，小兵花费了不小的力气，他不停地飞到各地，与一位又一位未来的经理人谈话。在谈话中，他会留心观察，选拔那些认同凯撒价值观、愿意把客人的满意作为目标的人。接下来，才会轮到具体的市场策略，小兵和凯撒的其他高管会与他讨论对经营的想法——究竟是更侧重于开拓市场，还是以利润为先。

和事前预料的一样，凯撒在零售体系上的动作，果然引起了渠道商的波动。

作为凯撒的财务负责人，魏灵可以清楚地观察到所有数据的变动。自从她 5 年前加入凯撒到现在，出现这样的景象却还是头一次。她看到，在全国的各个省份中，有些渠道商降低了合作兴趣，另一些则倾向于凯撒的竞争对手，反应最激烈的干脆停止了与凯撒的合作；还有一些渠道商则恍然大悟，他们认为凯撒迈出了正确的一步，因此也开始建立自己的零售体系。

不过，小兵却并不为这些现象所动。陈茫在回国时只看了一眼就发现，小兵已经下定决心，无论是坚不可摧的困难，还是眼前利益的诱惑，都不会让他改变主意。

随着分公司一个又一个在国内城市落地，以及紧随其后的门店建设，凯撒的整个零售体系开始显示出了当初所设想的力量——大量顾客追寻凯撒品牌而至，零售额数据每年都以 90% 以上的速度猛增。产品研发中心则可以根据这些数据，在每年的淡季完成研发工作，在第二年的春天立即把它们推送给顾客。这让小兵和陈茫第一次有了把市场掌握在自己手里的感觉。

现在，在凯撒的骨干员工中，极少有人自动离职，这并非是因为他们担心找不到工作——事实上，有相当多的竞争对手一直向他们抛出橄榄枝——而是因为他们相信凯撒会有光明的未来。在凯撒的高管行列中，甚至还有骨灰级的业界管理者加入，2010 年，在从奥地利航空中华区首席代表的位置上退休后，任军被小兵和陈茫力邀加入凯撒。在交往 20 多年之后，他们深知这位老朋友在旅游和航空两个行业里的资历，凯撒需要他的经验、智慧以及在使领馆关系维护方面无出其右的能力。

现在，赵欣、魏灵、王竹丽、陈杰、汪辉，以及其他一些随凯撒同步成长的业务骨干发现，凯撒正在逐步实现发展战略中规划的那些内容，它变得越来越像一个独特氛围下的平台，在这个平台上，从产品研发、销售到服务，都有着浓厚的凯撒元素和特色。比如研发人员在开发产品时，出发点总是围绕客人的想法，在想清楚客人希望玩什么之后，他们会从凯撒的资源库里挑选出那些适合的资源，从交通、地接、餐饮到娱乐，无一不突出品位与当地文化。在这些资源最终变成产品后，销售人员既会用各种渠道将它们推送到公众面前，也会在顾客登门之后悉心辅导，为不同需求的顾客找到他们中意的出游方式。最后，导游和领队们将用自己的专业能力保证顾客在境外感受良好。就像张蕤所说的那样，凯撒已经有了自己的“生态环境”，其中的所有事物都被打上了凯撒的标签。

2011 年前后，小兵满脑子想的几乎都是这件事，因为他知道，如果能加强这个“生态环境”，那凯撒就算是彻底巩固了自己的竞争力，比如与航空、酒店、金融行业和互联网结合。他从不怀疑，这种竞争力不仅可以让凯撒的旅游业务更加畅通无阻，肯定还会帮助凯撒向更广的空间延伸。于是，他开始考虑为凯撒纳入更多的资源，特别是那些可以与旅游业务结合的资源。

最终，小兵和所有的股东共同做出了决定，正式开启与海航的谈判。

小兵感到欣慰的是，在几个月的谈判中，他对于海航的了解也在逐步加深。小兵慢慢发现，海航是一家既有很强侵略性，又经营稳健的公司。他们的日常管理极具人性化，同时又非常注重人才的培养。特别在与海航内部年轻一代的经理人深入交往后，小兵发现他们与自己一样，都有着强烈的进取心。在旅游业务上，他们的目标是相同的——如果把凯撒视为一棵正在长高的树，那么，海航则能够提供肥沃的土壤与充足的营养，对于凯撒要把自已打造成为一家资源充足、能力齐备的全产业链旅行社，海航的资源无疑是一个强大的保障。

正是这一点，最终打动了小兵，并推动着双方达成一致。在双方达成的协议中，凯撒引入海航作为自己的战略投资者，同时，凯撒的经营仍由原来的团队继续负责。协议同时还约定，在此后的三年里，双方将共同积极推动凯撒的上市计划。

这条消息很快登上了国内所有财经媒体的版面，在那一段时间里，有一大群财经评论员都在就此事发表自己的评论，不是在猜测凯撒的动机，就是在评论海航的这次投资是否物有所值。小兵翻看了一些评论，只在其中一份报纸上停留了较长时间，因为只有那一篇评论的标题真正说到了点子上：

“协同效应，双赢局面！”

7

从2012年起，小兵发现，从媒体到业内人士都在热议一个正在兴起的新的旅游营销模式——在线旅游。很多人认为，这种将旅行销售放在网络平台上运行的新商业模式，将会彻底颠覆传统旅游行业。

一批互联网创业者因此摩拳擦掌，特别是几家在线旅行社声名鹊起之后，一批追随者也奋不顾身地挤进了这个领域。而许多传统旅行社的经理人则持相反意见，他们公开表示旅游行业细节繁多，在线旅游模式缺少资源支持，因此不会获得成功。

小兵要凯撒的经理人们继续自己的工作，避免卷入任何一方阵营。尽管他在好几个场合都收到了来自记者的提问，但没有明确表态。因为他清楚地知道，这两方的说法都有道理——旅游强调的是体验，传统的门店服务会受地理和时间的限制；而纯粹的在线服务不够人性化，根本不可能完全满足客人对旅游服务的要求。

因此，在小兵看来，只有把这两者结合起来，才有可能实现对旅游行业的真正改造。在这一点上，凯撒早在两年前，就已经开始借助自己的官网和手机移动端，开辟一条新的销售通道。而随着在线销售平台的发展和壮大，凯撒又开始积极地与那些大型在线旅游品牌建立业务合作关系，淘宝、京东、携程、同程、去哪儿、途牛等在线旅游平台，都开始代理凯撒的旅游产品。

在关注新趋势的同时，小兵更为在意的是眼下的进展。几年来，凯撒和国内多家航空公司实现了更深层次的合作，在包机业务上，国航、南航、东航都对凯撒亮起了绿灯，开辟了更多的直达航线。这让顾客可以选择从最便利的城市出发，麻烦程度和成本都大为降低。当然，合作进展最快的还是海航，在双方牵手之后，海航成为凯撒最大的航空供应商，它提供的机票超过了凯撒所有机票的 30%，并且是以相当优惠的价格。如今他们都把对方视为倍增器，相互取长补短，正如双方所商定的那样，打造一家资源充足、能力齐备的全产业链旅行社。

在邮轮产品上，趁着 2012 年市场低迷的间隙，凯撒一下子包下了两艘豪华邮轮，从而一跃成为这一市场里的常客。除此之外，无论是在民丹岛、日本，还是根据地欧洲，凯撒都已经是占据当地市场份额最大的旅行社。

最让小兵感到欣慰的，还是凯撒在零售体系上的进步。

在每周阅读销售报告的时候，他都没法不注意到一个可喜的现象：在产品和销售的双重拉动下，来自直营门店的收入已经远远超越了同业渠道。这让小兵既如释重负，又信心大增，这让他想到，是时候主动对销售网络进行升级改造了。

在小兵的心中，销售是一家企业的生命线，几乎所有的高管都对他那句“销售治百病”的话印象深刻。在许多次会议上他都讲过相同的话：“销售的好坏决定公司的利润，如果一家公司利润不错，那人心就会安定，很多问题根本不会出现。”

正因为如此，小兵一有空就会关注凯撒的销售数据。同时，他也在持续地观察这个社会所出现的变化，看一看凯撒是否跟得上时代的脚步。

几年前，小兵发现国内的零售业发生了天翻地覆的变化。他还记得自己当年为了见客户临时买西装那件事，那时候北京只有数量寥寥的百货商场。可现在，百货商场早成了过眼烟云，取而代之的是一家又一家大型购物中心，那里早已不只卖西装、口红、家电和锅碗瓢盆，还有咖啡馆、餐馆、电影院甚至游乐场。在与一些零售业管理者聊过几次之后，小兵发现这一变化的理由和旅游业没什么区别——对于只能购物的百货商场，顾客早已失去兴趣，他们需要更丰富的娱乐方式，这才是综合性购物中心火起来的原因。

在闲下来的时间里，小兵去几家购物中心转了转，他发现那里客流密集，有许多人压根就不是奔着购物去的，只是为了在饭后或假日找点乐子。这让他想到，如果把凯撒的门店开进环境优雅的购物中心，那顾客在旅游之前，就可以得到良好的体验，它的收客效果肯定要比街边门店强得多。但在接触了几家购物中心后，小兵却发现事与愿违，购物中心的入驻门槛高得几乎无法接受——不是租金奇高，就是要求利润分成。凯撒只好暂时把这个计划搁置起来。

让人感到诧异的是，到2013年前后，购物中心的租金出现了大幅下降。小兵很快便猜出了其中的原委，毕竟，城市里的购物中心越来越多，能提供的服务却没多大区别，人们的新鲜劲儿过去之后，也就不会再逛个没完了。通盘考虑之后小兵认识到，这正是一个跳出价格争执的好机会。于是，在凯撒的高管例会上，小兵向与会者详细讲述了他的想法，他要求北京分公司做个尝试，先去找家购物中心谈一谈。

在几个星期里，郑丹跑遍了北京的各大购物中心，在见了一大群招商部经理后，她发现小兵对购物中心的判断都非常准确，为了让顾客保持新鲜感，多停留一会儿，经理们正在大伤脑筋。这样一来，尽管大多数人仍对在购物中心开旅游门店的想法表示惊奇，但却不再坚持过去的高门槛——他们希望能借助凯撒的顾客群壮大自己的客流。

“这就对了，好的合作都是双赢的。”小兵说，“像租金这种问题如果解决不了，那就把它放在更大的格局里，这个问题很可能就消失了。”

这一年的春末夏初，在北京西四环的卓展购物中心五层里，一处正在装修的商铺一直在围着围挡。几个月来，郑丹她们每周都要跑到这里检查装修进度——对她来说这是完完全全的新工作，因此不得不多加谨慎。等到装修完成，郑丹里里外外验收了几遍，直到她感到没什么问题，这才让工人拆去了围挡，然后把小兵带到了现场。

小兵在店里店外转了好几遍，他看看这里，摸摸那里，然后没说几句话就离开了。那天晚上，郑丹和她的团队一直提心吊胆地在公司里等着，直到 11 点钟，小兵才把她们叫进办公室。

一进门，郑丹就看到小兵的脸色很不好看。“你们先坐吧，”他说，“我给你们说说今天的验收，这事可真够说一会儿的。”

整间办公室里，只能听见小兵一个人的声音，大家发现，这一次小兵发的火，要比每一次都大。

“我真不知道你们是怎么想的，柜台居然能摆在门口？”小兵说，“那么高一个柜台挡在那儿，跟饭店收银台一样，你们要是客人，你愿意进来吗？”

“灯也不对，那么低的瓦数，难道白天营业，晚上就关门啦？缺那点儿电费吗？”

“墙上弄了几个塑料挂钩，海报要是沉一点，掉下来怎么办？”

“还有，到底有没有人在现场盯着，就没人想到多装几个插座吗？到时候客人要用电怎么办，现拉电线？满地电线好看吗？要是再有客人绊个跟头……”

接下来的一个小时里，郑丹她们目瞪口呆地听着小兵的话，他一口气列举了30多条错误。郑丹发现，团队里已经有同事开始抹眼泪。但平心而论，那些错误无论哪一条都很有道理。最后，她听见小兵怒气冲冲地说："就这还谈什么客户体验，你们明天把围挡再拦上，重弄，改不好你们就一直干这个事，什么时候改好了再说！"

8

2013 年 7 月 19 日，小兵为卓展购物中心的新门店剪了彩。在讲话中，他向在场的嘉宾宣布，位于五棵松的卓展店是凯撒第一家二代门店，和一代门店相比，二代门店不仅承担销售功能，而且更强调顾客体验，“我们想呈现给广大顾客的，是一个以文化为主题，以旅游分享为目的，能够让顾客在这里交流旅游生活、旅游体验的全新平台。”他说。

小兵说得没错，从外观上看，这的确是一家舒适又时尚的门店。店里的地面铺着原木色地板，内墙涂料采用的是纯白色调，这给人以愉悦和舒适的感觉；目光所及，到处都是北欧风格的家具，蓝色的“caissa”标志虽不显眼，却随处可见；旅游顾问们穿着藏蓝色的制服，看上去就像航空公司的空乘人员；靠墙的架子上摆着各类旅游纪念品；正对大门的一大块显示屏，正循环播放着凯撒多条路线的风景照片……这里的一切都显得时尚而又简约，到场嘉宾无不对这家漂亮的门店赞誉有加。当然，最感兴趣的还是业内同仁，他们在店里绕来绕去，想要看清楚设计方案和整体布局究竟是怎样的。

郑丹回过头来看着自己的团队，他们当中的许多人此刻都在咧着嘴笑。自打那天晚上之后，他们还从没有这样轻松过。

2013年，北京分公司在市区一口气建了二十几家门店，店址不是在购物中心，就是在热门商圈，像蓝色港湾、悠唐购物中心、金地中心这些北京著名的商业区，都出现了凯撒的蓝色标志。

这些坐落在繁华地带的门店，很快就展示出了它们的卓尔不凡，听说过凯撒的顾客接踵而至，逛街的路人也被吸引过来。经过专业培训的旅游顾问当然不会放过主动服务的好机会，他们主动向客人发送产品资料，把客人迎入店内，向他们详细介绍凯撒的服务和文化。每家门店都会不定期地举办各类活动，有的是搭购物中心活动的便车，有的则是与银行、学校、汽车4S店以及其他商铺联办。此外，每家新开张的门店还会针对周围的住宅小区做推广。这一点，小兵尤为鼓励，他在几次工作例会上都强调打通与顾客“最后一公里”的重要性。

那一天，小兵出门会客的路上，经过了三元桥的凤凰汇购物中心，那里的体验店正在装修，围挡上已经印上了凯撒旅游最新的口号：凯撒旅游，新服务，新体验。小兵笑了笑，这让他一整天的心情都极为轻松。

陈茫每一次回到国内，都会看到新的进展。不过，这一年他回国之后，却发现变化大到让他无法保持淡定——办公室里冒出了太多他不认识的新面孔。当听说在每家最热闹的购物中心里都能找到凯撒的门店时，他再度感到惊讶不已。此外，他还无法想象顾客在咖啡店买上一杯饮料，然后转身走进旁边的凯撒体验店，安逸地听旅游顾问为自己介绍旅游路线。当他想要去一家门店转转，看看是不是有什么问题时，郑丹向他保证，自己有一个专门巡查门店的团队，因此，除了去喝杯咖啡，没有任何需要他操心的事儿。

“那就去喝杯咖啡吧。”陈茫笑着说，“我不相信这会比欧洲的还好。”

这一年，凯撒迎来了自己的20岁生日。逢十而庆是中国人的习俗，在这一点上，小兵和陈茫都乐于遵循传统。于是，品牌部门在公司标志上加上了一个醒目的“20”。市场部门则推出了一系列活动，用来纪念凯撒20年的历史。在庆祝仪式上，有位员工在登台发言时许下愿望，他希望凯撒分公司的数量，最好能和凯撒的年龄一样。这个愿望立刻让现场掌声雷动。

坐在台下，陈茫对小兵说：“看来，这里确实没什么要我操心的了。”

第十章

有一天，陈茫无意中看到了一则游记，那是一位华人女游客在参观卢浮宫之后写下的。

我站在蒙娜丽莎画像前，双手不由得紧紧地捏着自己的提包，因为四处展现的‘小心扒手’警示牌以及导游一次次的提醒，我只能反复警告自己：千万不要被偷！千万不要被偷……5分钟后，当我离开蒙娜丽莎的时候，我已经不知道她什么样了，因为我只在提心吊胆地看护着我的钱包。

当天晚上，陈茫在家里坐立难安，在欧洲旅游界从业20年来，他经历了太多这种事件，越来越多的中国公民到欧洲观光旅游，中国人也成了当地不法分子的作案目标人群。在巴黎、罗马、马德里这些城市，针对中国游客的抢劫、盗窃案件频发。

最近，作为欧洲华人旅游业联合总会的首任会长，他一直在为这个难题担忧不已。根据统计，仅在法国一地，每年针对游客的盗窃案就多达两万多起，其中针对中国游客的案件占据了相当大的比例，但当地警方的处理却常常轻描淡写。一些记者和游客联系了陈茫，向他强调他们的担忧。但他能做的除了安慰他们，让凯撒的导游和领队加强警惕之外，也只有不断地向当地政府呼吁了。

“客人出门在外，结果不是被偷，就是被抢，连安全都保障不了，那还谈什么服务质量、客户体验呢？”他在办公室里说。

2013 年 3 月的一天，陈茫正在办公室里工作，他看了看表，6：32。正当他准备下班回家的时候，范轩急匆匆地冲进了办公室。

“出事了，有个团在巴黎被抢了。”他说。

“我们的团？”陈茫脱口而出。

“不是，一个 20 多人的团，刚下飞机，在机场边上吃晚餐的时候出的事，护照全没了，导游想把包夺回来，人也被打晕了。”

“他妈的！”陈茫禁不住骂了一句。他沉默了一会儿，以平息自己的怒气。突然，他用手在桌子上拍了一下，“咱们不能再看着了！”

几天之内，陈茫联系了欧洲华人旅游联合总会的其他会员单位，在交流意见之后，陈茫的想法得到了全体会员的一致支持——他们要向法国总统提交一封公开信。

几天之后，4 月份的《欧洲新报》新鲜出炉，在报纸的头版上，“欧洲华人旅游业联合会致法国总统奥朗德阁下的公开信”的标题赫然在目。在信中，作为一位资深旅游从业者，陈茫在历数多年现实与游客感受后，继而提出了质疑与呼吁：

法国是一个文明、民主、法制的国家，但很多受损的游客会深深质疑：我们真是来到了法国，还是百年前可以肆意掠夺、野蛮袭击的美国西部？

据悉，法国每年针对游客的盗窃案多达两万余起，其中中国游客的损失亦多到无法统计，很多案件因警方不作为而不了了之。这种与文明、法制相悖的野蛮行径究竟要持续到何时？难道您与法国公众能容忍这种恶行来损害国家形象与公众利益吗？种种乱象表明，法国已经到了必须为世界游客做出改变的时候了。所以冒昧地写信给您，希望您对此给予应有的重视，关注法国旅游市场的症结，关注外国游客的安全。我们期待着，外国游客能够安全、轻松地去体味法国，而不是带着恐惧、遗憾来经历法国。

就在起草此信时，巴黎再次发生了几起中国游客受袭的恶性案件；遗憾之余，我们高度关注法方的举措，并提请政府采取有效措施、改善局面。此封信件，我们也将提交欧盟各国的领导人、中国政府及相关部门，以广泛表达我们的意愿。

这封公开信一经发出，立即引发了各界反响，在一段时间内，一批国内外媒体跟进报道了此事，这让陈茫倍感欣慰。然而更让他高兴的是，公开信取得了实际效果，法国政府内政部做出了专门回复，并督促警方迅速制定6项安全保卫措施，以专门保护中国游客不再遭受安全侵犯。

“看来，咱们没白费劲儿。”在几周之后，陈茫对范轩说，“这不是一百年前，中国人不能再挨欺负了。”

进入2014年，作为凯撒旅游（欧洲）集团的董事长、《欧洲新报》社长、德国华商总会会长、欧洲华人旅游业联合会会长，陈茫的工作量超过了之前任何一年，每天，他都要完成记事簿上的那些安排——会见尽可能多的人，在各种晚宴、餐会、仪式和媒体报道中露面。在这些场合，陈茫跟许多同行、合作伙伴和政府官员合影；在公益晚宴上与数不清的人寒暄，吃已经放冷的菜肴。为了方便，他有时和范轩一起在欧洲各国乘地铁、公交车和出租车，背着包在大街小巷跑来跑去。

在一次吃饭的时候，范轩提醒陈茫说，最近连续一个星期都在奔波，是不是有点太拼命了。

“你知道我的性格啊，不做事我就浑身难受。”陈茫说，“我喜欢充实的感觉，人嘛，总得活得精彩一点。”

“这就是问题的关键——你已经活得很精彩了，你还想得到什么？再说现在咱们做的这些事，既不是公司业务，跟你个人也没什么关系。我不知道你听没听说过一句话，公益事业是做不完的。”

“没错，不过就是做不完，也要尽量多做一点。”陈茫推开了面前的盘子。“说到这里，你知道我为什么要做这些事吗？”

“很多事只有我们能做呗，像北京人艺来这边做公益演出，接待那么多演员，别的不说，光是吃饭就是大麻烦，除了咱们，谁能把这些事做成呢？”范轩说。

“范轩，我要是说了我的想法，你肯定会觉得我在唱高调。”陈茫说，“凯撒到今天20多年了，能发展到现在这个样子，跟社会支持是分不开的。反过来，咱们也应该给社会做点事。凯撒的终极价值观里不是提到了社会财富吗？我觉得，一家公司要成为社会财富，除了把企业经营好，还有一条路就是通过公益事业，让尽可能多的人受益。所以说，这和经营公司一样，尽量做多做好，没有什么适可而止。”

2

在 2014 年的一个商业论坛活动上，小兵作为嘉宾出席。在台下，他和几位企业家闲谈起来，聊来聊去，话题落在了各自去过的国家数量上，有一位董事长得意地宣称，自己走过 27 个国家。最后，他们才想起来，居然忘了身边还有一位旅行社的总裁。

“要是比这个，我还是挺占便宜的。”小兵不好意思地笑了笑，“我记不太清楚了，不过，40 多国肯定有。”

在那次聊天里，小兵没说的是，他虽然走过了 40 多个国家，但不管是考察、出差，还是私人度假，几乎都变成了工作。每到一地，从飞机落地那一刻起，小兵的工作就开始了。先观察旅游状况，再琢磨市场前景，如果这个地方让他感受良好，那他一定就开始考虑，该怎么把它推荐给国内游客。他满脑子都是顾客想玩什么，凯撒能提供什么。有时，他琢磨这些事入了迷，甚至连娱乐都心不在焉。

在一次工作例会上，小兵无意中说起了自己的这个职业习惯，结果在场的同事全都哄堂大笑，这时小兵才知道，在过去的几年里，每一位凯撒高管都是这个样子。

这一年里，凯撒远比之前的任何一年都更能体会到全产业链所带来的便利，通过航空与旅游的结合，整个公司的运营能力大大增加。1 月，凯撒联合海南航空开通了北京直飞巴厘岛的航线；7 月，北京包机直飞伯明翰成功首发；10 月，产品部门与大溪地（塔希提岛，隶属法国）旅游局敲定合作事宜，携手推出春节大溪地独家包机产品。最让小兵高兴的是，在这一年的第四季度，凯撒旅游与海航旗下的首都航空联合，相继开通了北京至韩国清州，杭州至日本静冈、冲绳，西安至冲绳的多条包机直航航线。

现在，在凯撒的产品库里，已经储备了几万款产品，但小兵却并不认为这就是终点，他依然要求产品研发中心不断开发新的产品。凯撒在汉堡、慕尼黑、法兰克福、巴黎、伦敦、洛杉矶等地的地接社和分公司，一直在到处挖掘新的旅游资源。在这一年里，大洋洲、非洲先后被纳入凯撒的目的地版图；“挖老井”的工作还在继续，过去一些只存在于计划中的主题，现在则变成了现实，比如在美洲，凯撒开发了亲子、夏令营、游学、艺术等一系列特色产品；更多的邮轮线路也加入进来，在邮轮包船计划中，凯撒先后携手皇家加勒比游轮公司、公主邮轮公司、歌诗达邮轮公司、丽星邮轮公司推出多条航线；一批国际知名品牌酒店也与凯撒建立了战略合作关系，显然，这又是一个双赢的选择。

会员部的员工发现，尽管许多老顾客依然下意识地把凯撒视为“欧洲专家”，但他们却用行动表示自己正在改变旧观念——那些多次重复消费的顾客，其实早已悄悄去过许多欧洲之外的地方了。

在这些欣欣向荣的业务进展背后，小兵始终在向每一条业务线上的负责人强调——这让他自己有时都觉得自己过于唠叨——那就是一切都必须以顾客为中心。“不论环境好坏，只要我们的服务好，就总会有人选择我们。”

在这一点上，他希望能够做得更透彻。比如在市场推广上，小兵的看法是，面对不同的顾客群体，推广工作一定要有所区别。比如在二三线城市，需要重点推广经济型路线和短途亚洲路线，而那些单价较高的线路和高端定制旅游，则着重对一线城市的高消费群体进行推广。

在那一年的一次新闻发布会上，各种问题从四面八方不断地抛向小兵。最后，一位年轻记者向他提问道：“当凯撒成为一家年销售额 30 亿元的公司时，是否会遇到增长瓶颈？”

“如果真遇到了瓶颈，那么我肯定不会像现在这么平静。”现场的大笑声逐渐平息之后，小兵继续说道，“其实，不仅仅是凯撒，全国所有的出境旅行社，面对的市场都是相同的。中国现在是全球第一大出境客源国，这没错，但人均出游率只有 8% 多一点，和其他国家相比，这个比率实在是太低了。我想，中国人的消费能力在提高，出境手续越来越方便，旅游业一定会增长得相当快。只要中国的经济发展没停下来，那么任何一家有进取心的旅行社，都会把关注重点放在自己身上。”

到2014年底，那位在20周年庆典上许愿的员工，惊奇地发现自己的愿望竟然成为事实——这一年的12月，凯撒苏州分公司开业，这已经是凯撒的第23家分公司了，同时它还拥有87家零售门店。

这个进程依然在加速，在未来的两三年内，凯撒计划在全国49个城市设立分公司以及更多的直营门店。对于这种跨越式的扩张速度，凯撒一如既往地保持着审慎的态度。不过随着越来越多的人想通过凯撒出国旅游，汪辉她们不得不把大部分的时间都用到了市场调研、选址、招聘和筹备工作上。

不过，对于这值得庆祝的一切，小兵并没有太多的心思来体会喜悦。就在苏州分公司开业的两个星期前，那个周三的夜晚他将毕生不忘。

3

12 月 17 日晚上，结束了一天活动的小兵刚刚回家，桌上的电话就响了，他接了起来。

“小兵，你在干吗呢？”一个声音问道，他的声音听起来像是从很远的地方传来的。

小兵立刻听出来这是陈茫的声音。“我刚回来，怎么了大哥？”

陈茫没有立即回答，过了十几秒钟，他说：“小兵，我告诉你件事，你别太放在心上。”

“什么事啊？大哥。”小兵问。不知怎么回事，他感到手和腿都一阵发软，于是坐到了电话机旁边的沙发上。

接下来，他听到了这一生中最坏的消息。

进入 12 月以来，陈茫一直觉得格外疲劳，这让他第一次开始怀疑自己是不是变老了，不过，他立刻驱散了这种念头，“大概是累了一年，应该歇几天了。”

他对范轩说。

直到他开始发烧、不停地咳嗽时，陈茫才不得不去医院做了检查，在他的肺上发现了一块病灶，最后，这块病灶被确诊为肺癌，并且已经发生了转移。

听到这个消息之后，小兵沉重地靠在沙发上，半天说不出话。他想要安慰大哥，却只能勉强维持平静和坚强，他发现，陈茫正在反过来安慰自己。

“别那么担心，没事的。”陈茫说，“德国这边医学那么发达，我这点毛病肯定能治好，再说你哥我的命多硬啊，什么东西能把我打倒？”

放下电话，小兵几乎一夜未眠。44 岁的他不再是当年的毛头小伙子，这些年里他目睹了太多的生老病死，但在这之前，他从未想到过，这样的事情也会发生在自己最亲密的人身上，从他记事那时起，大哥就是个从不向困难屈服的人，那些年里，他自学德语、报考导游、出国、开货车、创办凯撒、渡过“非典”、一次次与自己讨论业务……在他的印象里，陈茫总能在关键时刻成为他的精神支柱，即使现在，他依然在为自己提供了不起的忠告和建议。

在夜色中，小兵默默地想着，大哥一定会渡过这个难关，因为他从来就没服输过。

和小兵想象的一样，陈茫根本就没打算向疾病屈服，他没有向太多人通报病情，甚至连他20多年的老朋友任军，也是在几个月之后才知道此事的。他很快就住进了医院，并从2015年的1月份开始化疗。朱晓惠辞去了票务部的工作，守在陈茫身边帮助他平静心绪。范轩也会常常过来陪他说话，向他通报各项公益事业的进展情况。听着这些事，陈茫更坚定了要恢复健康的决心，恨不得立刻就跟范轩一起出门。

“你知道约翰·拉贝吗？写拉贝日记的那个人。”范轩问。

“太知道了，在南京大屠杀的时候，他掩护了20多万中国人啊。”陈茫说。“他不就是汉堡人吗？”

“只可惜在德国没人承认他的这些功绩。”范轩说，“当年他是纳粹党员，这成了污点，“二战”结束后还被关了一阵子。他的故居边上只有一块小铜牌，上面第一句话就写着‘约翰·拉贝这个人在中国家喻户晓，在德国却无人认识’。”

“那是两回事，不管他是什么人，对于中国人来说，他都是大恩人。”

“没错，不管他是什么政治主张，不管德国人怎么看他，咱们中国人作为受益人应该感恩。所以我想是不是可以给他做一个铜像，正儿八经地立一块纪念碑，把他的功绩都记录在碑身上。”

“好，这是好事，”陈茫说，“不能让这样一个好人最后被忘掉。”接下来，他们又商量起了另一个公益项目——华侨们正准备为云南一个缺水的小村庄捐款，帮助那里建立正式的饮水系统。几个月来，陈茫这还是头一次感到心情如此舒畅。

4

现在，郑丹发现，北京分公司在凯撒的销售额中所占的比例，已经降到了 70% 以下。这并不是因为北京分公司经营不善，而是因为凯撒在国内各省市的分公司已经达到了 40 家，除了西藏和青海之外，凯撒的标志已经遍布全国所有省份。

这一年里，作为给予凯撒的“土壤和营养”，海航一直在积极支持凯撒在资本经营上的计划，在海航的推动下，凯撒的上市计划开始稳步推进。

在长达几个月的时间里，小兵一直在和各位会计师、保荐人和律师打交道，这些人在夏天到来之前，为他准备好了所有上市必需的文件。在这一年 6 月份的一个晚上，正当他刚结束一场会议准备回家的时候，他桌上的电话响了起来，在放下电话之后，他忍不住挥了一下拳头——这半年来，没有任何一件事要比这个消息更让人高兴了。

半年下来，挺过了整整6轮化疗，陈茫整个人瘦了一大圈，但病情却大为好转，他肺部的病灶缩小了一半，转移到肝部的病变也被控制住了。身边人发现，陈茫的精神好得很，那双标志性的黑眼睛仍然炯炯有神。那一天，在病房里，医生对他说："陈，你基本上没有问题了。你现在可以去度假，也可以去运动，什么事都没有了。"

"这两件事我都不想干，"陈茫说，"我已经休息得够多了，再歇下去，我非崩溃不可。"

的确，没人能在此时把陈茫拖到某个度假海岛上，就像没有人能把希望上战场的军人拴在办公室里一样。于是，经过又一番细致的检查，陈茫在身体和精神两方面确实都做好了工作的准备。他再次回到了办公室，迎接他的是一片掌声。他在自己的桌子后面坐下，望着桌上那台奔驰车模型，陈茫想到，终于又可以按照自己的节奏生活了。

陈茫很希望能够把失去的时间补回来，虽然他的体力只能工作半天，但他的工作强度几乎没有什么变化。朱晓惠、范轩和李京学反复劝他，要他多静养休息，因为无论是业务，还是公益事业，都被照料得很好。可陈茫却一点都不愿意停下来，无论是凯撒、《欧洲新报》，还是德国华商总会和欧洲华人旅游业联合会，他就像一个新上任的部门经理，迫不及待地想要搞清楚每一件事。

盛夏转瞬来临，整个欧洲进入了旅游旺季，那天下午，在汉堡埃菲尔大街 76 号的办公室里，凯撒各个部门的同事又忙碌了起来。透过办公室的门，陈茫看见李京学正在和一位计调说话，好像是在为一个巴塞罗那的旅游团更换酒店；一部电话和一部手机同时响了起来，又被人双双接起，他听见有人在用中文和英文交替说话；在办公室隔壁的《欧洲新报》编辑部里，范轩正在指挥美工为网站排版，现在，每一期报纸都可以从网上浏览了。

眼前的这一切，让陈茫想起了当年，想起了凯撒旅行社刚刚成立那阵子——整间办公室里只有他和朱晓惠两个人，每到下午这个时候，他们就会开着车在汉堡兜来兜去，把机票送到客户手里；后来，他就很少能待在办公室了，要陪着越来越多的公务团在德国转来转去，还要去找酒店、找餐馆。循着这些事，他想起了代表处，又想起了小兵，这小子天生就是干旅游的材料，那么多业务上的大事小情，他都能分毫不乱地理出逻辑。

陈茫站起身来，为自己泡上了一杯茶。他要坐下来，把这些故事仔仔细细地回忆几遍。他突然发现，回忆这件事本身是那么有趣，仿佛可以在脑子里把人生再重复一遍，这让他觉得格外享受。同时，他又对自己感到庆幸，在过去那些年里，他没有白白浪费人生。忽然间他想到，自己有一些话要记下来，于是，他拿出一支笔，在便笺上写了几个字，然后把它压在那辆奔驰车模型下面。

此后的几天里，陈茫就那样静静地坐着，直到他又开始发烧、不停地咳嗽起来。

5

那天清早，范轩刚到办公室，他的电话就响了起来，他听见陈茫对他说："范轩，你让各部门的负责人都来办公室，我给大家开个会，我一会儿就到。"

范轩记得今天并不是工作例会的日子，突然间，他感到心脏猛然一沉，他急不可耐地问道："是不是检查结果出来了？你能不能先跟我说说什么情况？"

"情况不太好，我的那块病灶，又扩散到原来的程度了。"

当大家到齐之后，对着满屋子的人，陈茫公布了自己的病情。会议室里一片寂静，范轩看见，有些女同事当场就哭了出来。这让他想到，应该站出来说点什么，可这时他感到嗓子一阵哽咽，他的一副好口才，这时候竟然一点都派不上用场。

终于，范轩开口了："你别太当回事，当初不就这个程度吗，一定可以再缩小。"

陈茫点点头："对，没问题，我能坦诚地对你们说，就是因为我没当回事。”他说，“只是我决定，现在我应该接着配合医生往下治疗，所以，接下来一段时间里，公司的业务就要拜托各位多费心了。”

在此后的一个多月里，陈茫尝试了各种各样的治疗方法，其中一些方法的副作用巨大，是在他本人强烈要求之下，院方才勉强同意采用的。在医生看来，这个中国人所忍受的痛苦，早已超过了普通人的意志和承受能力。只有在极少数的时候，他才会在微信里，把这种痛苦对范轩说上。

8 月份，小兵飞到了汉堡。那一天，汉堡正在下着雨，小兵坐进车里，慢慢往陈茫住的医院开。一路上，他一直在脑子里想着童年的事，还有大哥对他说过的那些话。等他推开病房的门时，小兵觉得，在这个世界上，不会再有什么事让他如此难过了。

看着自己了不起的大哥躺在床上，脸上带着憔悴的神色，人也苍老了许多，小兵的眼泪顺着他的双颊滚落下来。他走了过去，把手放在哥哥的胳膊上。

“哥。”小兵轻轻地叫了一声。

看见弟弟的眼泪，陈茫笑了起来。

“你别哭啊，小兵，上次我看见你这么哭，还是在你 5 岁那年，我记得当时你刚挨了揍，还是我拿江米条把你哄好的，还记得吗？小时候你最爱吃这东西，那可是我拿吹长笛的钱买的。你可别哭，小兵，大丈夫不能掉眼泪。不就是一死吗？人反正都是要往那儿去的，殊途同归，没什么大不了的。”

小兵勉强止住了泪水，他坐在床边，说起了凯撒现在的进展，更多的目的地、新组建的邮轮销售公司、与金融企业的新合作、即将进驻居民社区的服务点、体验功能更佳的三代门店、正准备大力投入的体育赛事票务预订、体育赞助和广告销售……他每说一条，陈茫就点点头，最后，他听见陈茫说，

“只要是对的，你就坚持去做，我现在帮不上你什么忙了。”陈茫说，“今年9月份在北京有大阅兵，也邀请了我，可我实在去不了了。”

“大哥，你安心养病吧，以后还会有机会的。另外，咱们马上就要上市了，该准备的都差不多了。”

“这是我这几周来听到的最好的消息。”他说，“小兵，我觉得我必须再睡一会儿，这些日子我特别容易犯困。”

小兵眼看着陈茫渐渐睡着了，他的枕头边还放着手机，小兵轻轻地拿起手机，微信对话框里，有一行没打完的字——“把这个团安排好……”

“你可一定要康复，”小兵轻声说，“你可千万要好起来，大哥。难道你忘了，我们说好一起看着凯撒上市呢。”

9月2日那一天，明媚的午后，阳光蜿蜒流转，从窗口洒满病房，给这个房间里的一切都披上了金色，也包括陈茫的脸庞。

在他的脑海里，自己又一次回到了 22 岁，用不完的力气，说不完的笑话，结实的身材，一双总是闪着光的黑眼睛。他半躺在印刷厂的废纸堆上，身下是切下来的毛边纸，带着倦意，向往着精彩的人生。

陈茫觉得这一切都太过于平静，于是小心翼翼地伸出手，从身下抽出一张废纸，一点点撕碎，最后，他把这些纸屑扔向空中，想要让它们洋洋洒洒地落下来。可是，它们却飘在了半空中，他好奇地注视着，这时他感到，整个世界正在他缠绵的心弦上跑过，奏出壮丽的音乐。最后，碎纸屑如同烟花般猛然炸裂，光影闪烁，绚烂无比，宛如一树花开，漫天吐焰。

在一片璀璨之中，陈茫感到前所未有的满足，他的睡意慢慢来袭，就像一片绝对平静的波浪将他浸没，他闭上眼，飘进了睡乡，没有病痛，一切都是灿烂的光彩。终于，生命的跃动在自己的乐章里得到了休息。

6

陈茫的追悼会隆重而肃穆，许多中国和德国的高级官员都来到了现场，来自各行业的唁电如雪片般发往汉堡，其中包括中国国务院侨务办公室。那一天，人们低垂着头很长时间，默默怀念这位杰出的中国人。

返回办公室上班的范轩发现，对他来说，恢复正常工作状态成了一件非常困难的事，每当他想要征求意见，或者想聊会天，放松一下疲惫的神经，他总会习惯性地推开陈茫办公室的门，可那间屋子已经人去屋空。几个星期过去后，范轩才习惯这些，他不得不承认，那间办公室确实空了。

在此后几天里，小兵一直沉闷寡言，只要不是非参加不可的活动，他一律推辞了。在家里，马逸雯发现自己的丈夫经常默默无语，孤寂独坐。

这一年的 10 月 12 日，凯撒旅游在深圳交易所成功上市。与此同时，凯撒的一系列新的发展计划都顺理成章地展开了。几天后，小兵来到汉堡，他发现那里的同事把陈茫的办公室保留了下来，作为永久的纪念。坐在办公室里，他看见桌子上那台汽车模型一尘不染，熠熠生辉。

他突然看见，在模型下面压了一张便笺。他立刻把它抽了出来，他看到上面有一行字，那是陈茫的笔迹：

我们热爱这个世界，才生活在这世上。